★★★★★ GFROERER, PH.D. ★★★★★
·葛洛菲博士

溫和且堅定的正向教養

教師聖經

班級經營的有效工具，
讓孩子在情緒、人際與課業都成功

實務案例＋全球教學現場＋學理解說

教師必備的班級經營工具箱

POSITIVE DISCIPLINE TOOLS FOR TEACHERS

EFFECTIVE CLASSROOM MANAGEMENT FOR SOCIAL, EMOTIONAL, AND ACADEMIC SUCCESS

目錄

導讀 為孩子準備適應社會的信心與能力／姚以婷 006
推薦序 每個孩子距離成功，都差一個理解他的大人！／陳怡嘉 009
推薦序 課堂的正向教養，使我成為我希望的教育工作者 012
前言 除了處罰、連坐，還有很多有效的工具可以改變行為，提升課業 017

第一章 了解學生
老師就是「錯誤目的」偵探：找出行為背後的信念 028
錯誤目的：過度尋求關注 043
錯誤目的：爭奪權力 048
錯誤目的：報復 055
錯誤目的：自暴自棄 065

第二章 基本原則
鼓勵學生 076

關心學生 083
專注於解決方案 092
溫和且堅定 102
花時間練習 109
從錯誤中學習 115

第三章 建立連結

先連結感情，後糾正行為 124
問候學生 133
特殊時光 139
認同感受 147
傾聽學生 153
啟發式提問：動機型 159
啟發式提問：對話型 165

第四章 班級經營

班級會議 174

班級守則 187
致謝 192
親師生座談會 201
班級工作 208
貢獻他人 215
避免使用獎賞 223

第五章 解決衝突

達成協議、貫徹執行 234
了解大腦如何運作 240
選擇輪與憤怒選擇輪 247
積極暫停：冷靜 256
「我」句式 267
問題解決四步驟 276

第六章 教學技巧

安靜行動 288

出乎意料 298
有限選擇 303
邏輯後果 309
展現信心 317
一視同仁 329
留意語氣 334
運用幽默感 342
決定自己要做的 346
不反擊學生回嘴 353
控制你的行為 359
教師互助解決問題 364
照顧好自己 373

相關資源 379
參考資料 380

〔導讀〕

為孩子準備適應社會的信心與能力

姚以婷
美國正向教養協會國際顧問和導師、亞洲阿德勒諮商應用協會理事長
亞和心理諮商所院長

「請大家說說，這週自己曾經幫助過其他人的事。」

在過去一學年中，我每週到學校班級進行正向教養在學校的運用。當我在班級裡提出這樣的問題讓孩子思考和回答時，最能夠看出學生的不同狀況。

有些孩子可以自然平順的說出幫忙長輩或弟妹的經驗，另些則會相當遲疑，或在經過鼓勵之後也能回答提問。

比較特別的是，少數孩子會抗拒回答，顯露出毫不在乎的姿態，要不然就是縮著身子

低頭不語，而這樣的孩子多數是平常在校出現較多不當行為的孩子。

「有沒有人曾經看過他做過幫忙別人的事情？」我轉身問班上的其他孩子。這項提問如果沒有傳達清楚，通常會是一陣沉默，然後開始有人指責他們的錯誤行為。若班上孩子接收確切，在沉默過後會有一、二人發言，然後其他人跟著說：「有啦，他有幫忙帶某人去上課。」「有哦，上次他幫老師拿某物……」等等。

第一次做這種正向交流的時候，平時常有不當行為的孩子大多不敢承認，有些還會兇狠的否認，「我哪有！不要亂說。」但是只要懷抱著對孩子的信心，繼續進行學校正向教養工具的練習，多做幾次同樣活動之後，**就能看見他們原本蜷縮的身子能逐漸挺直，低到貼胸的下巴能揚頭抬起，眼底有神，直到他們也能輕鬆說出自己的助人行為，同時，他們的不當行為也已經相對減弱了**。

前述經驗分享中，使用的是本書中第四章提到的「致謝」工具。**本書內容包含有四十四項精選學校正向教養工具的使用原則和方法，除了收集許多使用案例之外，用心之處更在於每件工具還伴隨有相關實證研究說明**，能提供教師完整理解並融入日常教學。作者之一的凱莉·葛洛菲（Kelly Gfroerer）博士任職學校教師多年，長期進行正向教養學術研究，將應邀為台灣學習者於二〇二一年四月與八月間，進行本書分享會和學校正向教養講師認證工作坊，相關訊息或詢問可參閱www.yahecounseling.com。

心理學大師阿德勒說，教育者最重要的任務是讓孩子獲得信心。從孩子眼中散發的自信光芒，我看見自己的身影，並感覺寬慰和盡責的滿足。相信您善用本書中的各項學校正向教養工具經營班級，定能再度享受擔任神聖教職的喜樂。

—推薦序—

每個孩子距離成功，都差一個理解他的大人！

女王的教室　陳怡嘉老師

在充滿挑戰的教育現場，當不再是過去視老師為聖旨的現代，教育面對的不僅是3C產品引發的注意力缺乏，還有孩子們一有情緒就爆炸的直球對決。一個個事件、一次次管教都在考驗老師們班級經營的能力，也串連起整個班級對老師的信任感。

一個老師決定站在講台上，憑藉的除了教學的熱情、愛心和耐心之外，還必須有堅強的後盾！這個堅強的後盾乃是**老師對孩子們心性的瞭解、面對問題的態度，以及班級經營的策略**。

如同我們年幼時一樣，孩子們會在一次次事件乃至試探中，決定是否聽信老師的建言？是否服從教導？雖然過程聽來很殘忍，卻很人性，也是老師不得不面對的現實。

老師的態度與方法攸關接下來班風的走向，一旦缺乏有效方法，就有可能在一次次試探中喪失學生的信任感，而老師也會在這樣的對應關係中，逐漸失去信心與熱情；相反的，倘若老師的態度溫和且堅定，既有信念，又有方法，就能帶出配合、懂事且願意奮發向上的孩子。

因此，成為一個有信念的老師遠遠不足，依據信念不斷鍛鍊自己變得更強大，才是老師終極的自信所在。

說到這，或許很多老師會感到緊張，因為教育現場被描述成一個個可怕的生存戰場，充滿殘酷試煉，讓人惶惶不安。

但，我認為與其不安，**不如更確實面對自己在戰場上的優劣勝敗，以及增進自己的精神與戰鬥力，這才是更好的策略**，這也是我想推薦這本《溫和且堅定的正向教養教師聖經》的原因。

在這本書中，從瞭解學生「尋求過度關注、爭奪權力、報復或自暴自棄」的動機開始，作者一一剖析不同表現下，學生的心理及對應模式，讓老師們能更清楚理解事件底下的冰山，究竟是甚麼模樣。

這本書有如班級經營的工具箱，作者列舉了幾個班級經營的重要事件，如：班會、學校日／親師生座談、建立班級守則等，或與學生互動的關鍵時刻，如：解決衝突、鼓勵、特殊時光、歡迎儀式／問候學生等，讓我們在面對這些不同場景的當下，立刻能翻找到工具來解決。

在每篇概念的論述之外，作者還加入了「全球教育現場案例分享」，透過一個個場景，以及最後歸納的「實用小技巧」，讓我們更能在不同情境中，看到類似的共通點，進而對照自己在班級經營上的盲點，提前避免犯下相同的錯誤。

教育不該是生存戰場！教育也不是生存戰場！

當老師有備而來，當老師不斷精進，就能在溫和且堅定的原則中，教出懂事且奮發向上的孩子，也能收穫一個人從懵懂無知到成熟自律的改變，這是老師和學生共同期待的，也是身為老師的你我，最重要而寶貴的使命。

每個孩子距離成功，都差一個理解他的大人！

教育從來不簡單，願我們努力精進，用愛和勇氣成為更好的老師，讓每個孩子都被好好點亮！

—推薦序—

課堂的正向教養，使我成為我希望的教育工作者

身為教師和正向教養講師，我曾面對許多艱困的教學環境。對我來說，教學雖然是我這輩子情緒上受到最多挑戰、也最疲累的經驗，卻也讓我得到最多啟發，得到最多收穫。我相當尊敬教師，因為他們把自己毫無保留奉獻給教學工作；至於我，則是直到我採用了正向教養之後，才順利成為在我二十幾年前剛開始教書時，希望自己成為的那種教育工作者。

採用正向教養一開始並不容易，我必須忘記以前一切對「教育」的認知，重新思考教師的角色，開始扮演鼓勵者。這樣的經驗固然恐怖，卻也讓我覺得相當自由，我不再把「引起學生的動機」當成我的責任——以前我總是得使用各種方式，像是啦啦隊、各種禮物、獎品或競賽，來引起學生的動機。採用正向教養之後，我不再負責評價學生的行為，

也不需要為不好的行為懲罰他們。我終於了解所謂「教室中的民主」是怎麼一回事：將控制權交還給學生，因為只要我允許他們從自己的錯誤中學習，他們就能自行解決問題。

一開始我也曾懷疑，每天舉辦班會怎可能提升學生的學習動機，促進他們的社交發展？不久後我發現，花點時間舉辦班會，為我的學生與整個教室團體帶來正向的影響。此外，還有其他事情也會帶來影響，包含花時間教導學生社交技巧、注意自己和學生說話的方式、規劃合適的課程、和學生建立關係等。我剛接受正向教養訓練的時候，還有點質疑正向教養是不是真的有幫助。不過另一位正向教養講師喬蒂·麥克維蒂（Jody McVittie），以充滿信心的笑容對我說：「讓自己保持好奇，在過程中也要充滿信心。」所以我照做了。

起初我不知道我的努力產生了多少成果，直到幾個月後簡·尼爾森來參觀我的教室，然後這樣評論：「這就是正向教養在教室裡運作的真實情況。」她說她聽見我的一年級學生使用「我」句式以及其他問題解決導向的詞彙，同時他們也相當願意使用「選擇輪」（Wheel of Choice）（見本書第五章）來解決問題。簡也注意到我的學生非常擅於表達情緒，同時能夠自己調整情緒，此外我的學生也經常使用積極暫停區（cool-off spot），並且開始著手解決問題。對我自己來說，運用錯誤目的表（Mistaken Goal Chart）上的步驟，我也比以前更容易發覺「學生的行為替我帶來什麼情緒」，同時也發現了鼓勵學生的新方法。

這幾年間，我在日常生活中陸續見證了不少正向教養的成功案例，我相當感激這點，同時也非常驕傲，因此我要在這段推薦文中向各位分享，一則最讓我心碎、同時也最讓我感動的正向教養成功案例。

位於加州聖地牙哥的特許學校創意學院（Innovations Academy）採用正向教養已經超過七年，身為他們的顧問，我和學校教職員的關係很緊密，因此當我得知該校一位教師艾力克斯在上班途中車禍驟逝的消息，我心裡既震驚又不捨。艾力克斯在創校之初就在該校服務，他也在教學現場全面實踐正向教養。

艾力克斯全心投入教學工作，相當受人愛戴，他不僅是所有同事的好朋友，同時也擁有雀躍美麗的靈魂。因此他的離去，為認識他的人帶來的失落與哀傷不言可喻。而校方在車禍當天的應變，也以一種同樣美麗的方式，展現出學生在正向教養的環境下所能學習與體驗到的事物。

當天早上校方就擔心可能出了什麼意外，因為艾力克斯老師要是有事會晚到，一定會事先通知，所以校方開始撥電話給高速公路巡警和附近的醫院。在這波初期應變中，最讓人印象深刻的是他班級學生的反應。事發當天早上，艾力克斯沒有出現，因此他的六年級學生決定自行開始晨間的班會，圍成一圈展開討論，這時一位家長前往辦公室詢問艾力克斯缺席的原因，學生們繼續討論，另一位家長在旁照看，直到代課老師抵達。

當天稍後校方獲悉車禍的噩耗，校長相當沉著，組成危機處理小組，請他們幫忙通知學生與其他教職員。接下來發生的事，完美印證了學生透過正向教養學到的技巧。危機處理小組在校園裡奔走了將近一小時後，向校方回報：他們從來沒看過，學生與教職員用這樣的態度與技巧，面對這類事情，他們甚至覺得自己派不上用場，因為大家都已經進入狀況。學生和教職員互相分擔各自的痛苦，分享彼此的感受，訴說和艾力克斯老師相處的故事和回憶，以及他們能認識艾力克斯是件多麼幸運的事。每個人都用各自的方法面對這個噩耗，他們也在無形中互相幫助。從學生處理痛苦的方式，我們可以得知，他們已經知道該怎麼面對這樣的失落。

當時學生擔心，先前艾力克斯老師帶領他們參與的計畫，之後該怎麼辦：他們在附近的照護機構協助阿茲海默症的病患，並且正在研究音樂如何幫助病患找回失去的記憶，學生們擔心艾力克斯過世後，這項計畫會終止。學生們討論後決定，由另一位教師協助他們持續完成這項計畫，同時也藉此紀念艾力克斯。

雖然艾力克斯老師驟逝，讓人非常遺憾，但學生和教職員也學到了寶貴的一課，那就是生命相當珍貴。他們知道未來不管發生什麼事，無論有什麼意外事件考驗他們的韌性和信心，都能透過勇氣和希望克服。我相當敬佩創意學院的成員彼此共享的勇氣、同情、與愛。正向教養帶來的全面影響，也讓我深受感動，這無疑是這間學校擁有凝聚力的原因。

我目前擔任爾灣希伯來小學（Irvine Hebrew Day School）的校長，這是一間採用正向教養方式的私立學校，我非常讚賞正向教養為學校社群所帶來的轉變，以及這種方式，為教職員、學生、及家庭帶來的影響。

師資培育機構為人稱道之處，向來都是能使培養出來的老師們具備設計優良課程的技巧與文化素養，能理解並運用適當的評量方法，提供學生最棒的練習，例如我的母校哥倫比亞大學師範學院就是如此。不過即使是最頂尖的師資培育機構，也都不會將教學重點，放在幫助教師發展本書提供的方法上。但書中的這些方法，卻能幫助教師建立有效的溝通與關係處理技巧，教師如果想要創造互相尊重的教學環境、建立學生的內在動機，並發展合作學習團體，這些方法都不可或缺。

本書提供的方法與成功案例，將使教師獲益良多並獲得鼓勵。書中的許多故事都很感人；得知世界各地都有教師採用正向教養，也是教師進步的動力，這些案例展示了正向教養如何鼓勵並支持學生的成長。本書提供的各式方法，將使教師成為頂尖教師，具備鼓勵學生的能力，能夠促進學生學習生活中重要的技能，使學生適性發展、展現包容和同理心，並讓學生理解花時間學習技能的重要性，還有最重要的，使學生發展出「以互相尊重為基礎，和同儕、教師、父母建立連結」的能力。

——譚美．凱斯（Tammy Keces）

哥倫比亞大學師範學院碩士、爾灣希伯來小學校長、認證正向教養講師

—前言—

除了處罰、連坐，還有很多有效的工具可以改變行為，提升課業

對於想要改變學生人生的教師來說，最大的壓力來源，就是得花時間處理學生的困擾行為。本書當中有來自全球不同國家的教學現場經驗，各地的教師分享了書中的工具是如何幫助他們節省時間、降低壓力，而且能讓管教的工作變成鼓勵與幫助，而非沮喪與挫折。

本書能夠幫助教育工作者了解獎懲帶來的負面影響，提供可激發學生學習動機的替代方法。許多研究（包括神經內科領域）都指出，運用獎懲系統會削弱學生的內在動機、合作行為、自律與問題解決技巧。[1]而本書採用的正向教養，則可以對上述這些重要特質產生正面的影響。

對大部分的教育工作者而言，只要有其他的有效方法可以使用，那麼他們都不至於訴諸懲罰，因此本書將介紹多年來累積的研究，這些研究指出懲罰絕非長久之計；本書還提供許

多有研究佐證的、具備長久功效的正向教養方法。以下是長期使用懲罰可能帶來的後果：

懲罰的4R

一、怨恨（Resentment）：太不公平了，我不能相信大人。
二、反抗（Rebellion）：我就是要唱反調，證明我不用聽大人的話。
三、報復（Revenge）：大人現在佔上風沒錯，但我一定會扳回一城。
四、退縮（Retreat）：①狡猾：「我下次絕對不會被抓到。」
②自尊低落：「我是個壞小孩。」

有些教師認為，如果懲罰沒用的話，那麼面對學生的問題行為，老師只剩下最後一個選擇：消極放任。然而，消極放任也會造成跟懲罰一樣的後果，因為這樣會讓學生發展出錯誤的信念，例如「我應該不受限制，想做什麼就做什麼」、「我需要老師照顧我，因為我沒辦法為自己負責」，甚至「我很難過，因為老師沒有迎合我所有需求。」

所以下一個問題是，如果不使用懲罰，也不消極放任，那還有什麼方法？本書介紹了各式方法，帶來許多可能，且都與獎懲機制無關。正向教養注重的是行為背後的信念以及行為本身，它遵照下列的守則：

優良品格與生活技能清單

一、幫助學生感受連結，有歸屬感和價值感。
二、溫和且堅定。
三、長期有效。
四、教師重視的是：與良好品格相關的社交與生活技能，包括尊重、關懷他人、問題解決技巧、合作等。
五、讓學生發現自己是有能力的，能夠以對社會有益的方式貢獻一己之力。

雖然正向教養是遵照上述的原則發展而來，我們仍然必須知道，正向教養的基礎是來自心理學家阿德勒（Alfred Adler）與德瑞克斯（Rudolf Dreikurs）的理念與想法。這些方法如果只是機械式的使用，則無法發揮效果，只會淪為紙上談兵；若教師能夠理解每項方法背後的理念，就能運用自身的智慧，在各種情境中以真誠、關心的方式應用這些方法。

行為學派主張以外部獎懲機制激發學生動機，但阿德勒反倒認為，要改變外在的行為，最好的方法就是從內在改變，也就是透過鼓勵來幫助人們體會到深厚的歸屬感與連結，從而做出社會貢獻，以為回報。歸屬感若少了貢獻，就會養成一種「應得的權利感」。因此，正向教養透過「促使學生積極投入」，提供了許多方法，可以平衡歸屬感和貢獻的需求。例如「問題解決技巧」這個方法，就是生活中不可或缺的技能。

富比世雜誌近期有篇文章指出，許多教育機構以互相尊重，而非懲罰，當作教養方式，正好可以成為企業學習的榜樣，文中特別提到正向教養，並且附上了華盛頓州一間停止使用懲罰的高中出現的驚人效果。[2] 該校名叫林肯實驗中學（Lincoln Alternative High School），校長史波勒德（Jim Sporleder）受到文森・費勒提（Vincent Felitti）博士和美國疾病管制與預防中心（Centers for Disease Control, CDC）流行病學家羅伯特・安達（Robert Anda）所進行的《負面童年經驗研究》（Adverse Childhood Experiences Study）啟發，決定停止使用懲罰，改用愛與尊重來對待「問題學生」，廣獲媒體報導。該校正向教養的成果如下：

二〇〇九至二〇一〇年（採用正向教養前）

- 學生停學處分的總天數：七百九十八天
- 開除學生人數：五十人
- 轉介鑑輔評估等人數：六百人

二〇一〇至二〇一一年（採用正向教養後）

- 學生停學處分的總天數：一百三十五天
- 開除學生人數：三十人
- 轉介鑑輔評估等人數：三百二十人

三年後，林肯高中發生鬥毆的次數降低了百分之七十五，畢業率也增加了五倍。[3]

阿德勒和德瑞克斯反對獎懲機制的原因在於，獎懲會帶來負面影響。他們兩位不僅是精神醫學領域發展的先驅，也是開啟學校心理學研究的先河，很早就重視教室中的民主領導，也就是溫和且堅定的班級經營。

這對許多教師及教職員而言，可是天翻地覆的改變，因為學校一直以來都相當依賴獎懲機制。然而，只要做出這樣的改變，就能讓整個教室全面轉變，使教師的工作變得更輕鬆。教師如果可以幫助學生發展內在學習動機以及合作技巧，學生就能學會自我管理，不再需要浪費時間製作貼紙集點表、紅黃綠燈色卡、行為獎懲追蹤軟體，這些輔助教具只是在公開羞辱學生。

長期來說，獎懲制度不僅無法幫助學生，還會花掉大量精力與時間。相形之下，正向教養強調的方法，例如班會、選擇輪、問題解決四步驟、班級工作、自我調整的積極暫停區、把錯誤當成學習機會等，則能夠在學校或生活中幫助學生學習與成長。透過正向教養，學生能夠學會在二十一世紀成功所需的技巧，而不是學到取悅老師、在學校混日子、甚至輟學等。

老師的下個問題可能會是：「我怎可能有時間教導學生社會情感技能？外界要求的是學業，我得想辦法讓學生通過考試，更別說媒體會刊載學生的成績或校務評鑑的排名。」我們明白，這讓人非常沮喪，真希望這種情況能獲得改善。不過，我們還是能提供有效、有趣的方法，可以教導學生社會情感技能。想想看，如果教室裡的學生都已具備解決問題的能力，而且很自律，無須使用獎懲機制，那會省下多少時間？

你也可以想想下面這個問題：如果學生欠缺社會情感技能，他們該如何運用所學？你或許會覺得「學生當然需要這些技巧啊，但那是家長的工作，我只負責學業成績。」我們無意幫家長推卸責任，但事實是，學生待在教室的時間，比待在家裡還久。學校是社會環境，是練習社會情感技能的完美場所，這些技巧較好的學生，在教室中也更願意合作，並為自己的學習環境擔負更多責任。

正向教養也不是要幫學生「推卸責任」，而是要了解為什麼學生一開始會犯錯——也就是行為背後的信念，並用方法鼓勵學生改變錯誤的信念，進而影響他外在的行為。正向教養是要教導學生問題解決的技巧，並且改變他們的行為，而不是讓他們為自己的行為「付出代價」。正向教養也提供學生一個場所，讓他們能感受到歸屬感、人與人之間的連結、自身的能力、以及貢獻的重要性。

冰山的比喻

我們發現，冰山的比喻可以貼切的傳達阿德勒和德瑞克斯的哲理。學生的外在行為，就像圖中露出水面的冰山一樣，是我們能看見的部分；冰山在水面下的部分——體積遠大於露出水面的部份——代表的則是行為背後的信念與動機，也就是學生對歸屬感與價值感的深厚需求。大部分的班級經營理論都著重在學生的外在行為，正向教養注重的則是所有層面，包括外在行為、行為背後的信念，以及幫助學生建立健康信念的方法。

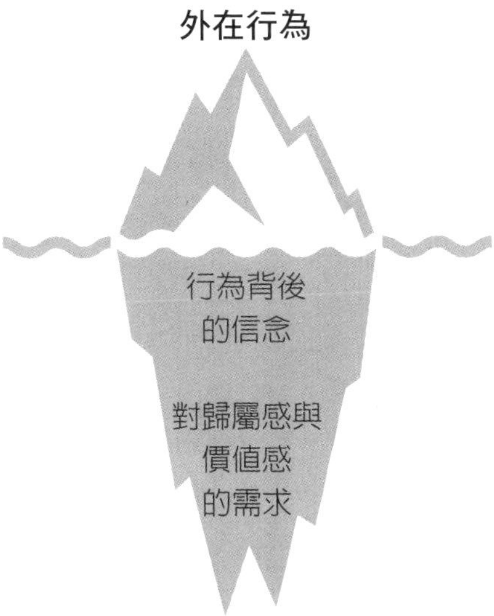

學生如果行為問題，原因通常出自對於如何獲得歸屬感，懷抱著錯誤的信念，這樣的信念就產生了所謂的問題行為。面對這些行為，

有些教師訴諸懲罰，包括責備、羞辱、體罰等。但這些懲罰只會強化學生的錯誤信念，也就是自己不屬於這裡。如此就形成了惡性循環，導致更多的問題行為。在這樣的惡性循環之內，並沒有處理到學生對歸屬感的深度需求、社會貢獻、他們所需的能力等問題。

阿德勒和德瑞克斯曾提到，「行為不當的孩子，是個受挫的孩子。」挫折來自於孩子「不屬於這裡」的信念，這個結論常常會導致不當行為，因為背後的信念可能是「如果我獲得關注，就能得到歸屬感」、「要是我做主的話……」、「如果我放棄的話……」等。上述這些想法與行為，無法讓孩子得到他們需要的歸屬感與貢獻。阿德勒把這類想法稱為「錯誤信念」，身為維也納學派的心理學家與阿德勒的學生，德瑞克斯又進一步發展出四種主要的錯誤信念，並將其稱為行為的「四大錯誤目的」。阿德勒使用「錯誤」這個詞，是因為真正的目標是獲得歸屬感；而德瑞克斯指稱的「錯誤」，則是指獲得歸屬感的錯誤方法。他們兩人認為，改變外在行為的唯一方法，就是幫助個體改變行為背後的信念。（可參見第一章關於了解錯誤目的的段落）

建立成果地圖

在正向教養工作坊中，我們有一個叫做「兩張清單：困難和挑戰，品格和技能」的活動，目的是要讓教師把他們對學生的期待圖像化。在活動過程中我們發現，全球的教師都面臨類似的挑戰，而且這些教師希望學生發展出的品格和生活技能，也都非常類似。在「困難和挑戰」清單中，教師大多對相同的問題行為感到困擾，包括頂嘴、缺乏學習動機、自私、干擾課堂進行、打架、說謊、不專心聽講等。而在「品格和技能」清單中，來自世界各地的教師，列出的特質則包括負責、誠實、自律、問題解決、獨立、韌性、合作、同情心等。正向教養的特別之處在於，這套方法將每個困難和挑戰都視為培養學生品格和技能的機會，雖然有時候看起來成功機率很小，正向教養還是能幫助教師處理不當行為，同時教導生活技能與社會貢獻。

從學生角度設想

在我們舉辦的正向教養工作坊和課程裡，我們會採用體驗式活動引導教師學習。在這些活動中，教師能夠以角色扮演的方式，從學生的角度換位思考，並得知什麼方法對學生有用；教師同時也能理解，他們的言行與教學方法，可能無形中也會創造或增強他們原本想要改變的問題行為。教師透過角色扮演得知學生的想法後，就更能理解正向教養在幫助學生培養品格和技能時，是多麼的有效。

德瑞克斯指出，學生若習慣了嚴格的規則，就很難產生改變，所以當學生剛接觸到民主的教室時，可能會出現一段混亂期，因為他們還不習慣為自己負責或是為班級貢獻，幸好這段期間非常短暫。另外，教導學生合作技巧也會帶來深遠的長期功效，阿德勒和德瑞克斯認為，唯有透過「以互相尊重為基礎的教養方式」，才能教導學生問題解決以及其他重要的生活技能。

老師在班級經營上遭遇的一切問題，這本書都有解方嗎？我們不敢保證，但能確定的是，正向教養可以幫助學生感受到歸屬感與貢獻，從而讓學生對自身的能力有更強的信念。同時，學生每次違規時，教師都會有方法幫助他們從自己的不當行為中學習，而不是受到處罰。

為了鼓勵教師踏上正向教養的旅程，本書提供了許多相關的解釋與範例。另外，本書的每個小節，都以「相關研究」作結；從這些研究中可知，阿德勒與德瑞克斯的想法早已獲得大量研究的支持，同時也是班級經營的最佳範例。最重要的是，書中還有世界各地教師分享他們實際運用正向教養的情況。這些教師與他們的故事都是真的，但學生的姓名與牽涉身分的資訊則已經加以修飾。最後，我們希望這些教師分享的成功經驗，能夠為其他教師帶來正面影響，進而加入在教室中實踐正向教養的行列。

第一章

了解學生

老師就是「錯誤目的」偵探：找出行為背後的信念

了解一個人的目的後，我們就能知道接下來大概會如何發展。

——阿德勒

前面說過，正向教養的獨特與重要之處在於「了解每個行為背後都有對應的信念」。學生的行為背後，都存在某種理由，阿德勒將這種理由稱為「私人邏輯」（private logic）。學生的行為對教師來說可能不甚合理，但對他們自己來說，卻相當合理。因此，在正向教養中，我們希望教師能成為「行為偵探」，試圖去理解學生行為背後的信念。

老師該喚醒心中的偵探魂了，開始解讀學生向教師傳遞的訊號。要這樣做的話，代表教師應該把注意力放在「解析學生行為背後的信念」之上，而不是花心力去懲罰學生；這樣做也意味著，教師應該運用教學技巧，

我非常尊重你的學習風格，但不包括你把考卷揉爛，然後丟得到處都是的風格。

鼓勵學生發展新的信念與新的行為。

以下的「錯誤目的偵查線索表」及「錯誤目的表」，能夠幫助教師成為一流的行為偵探，透過這些工具就可解開如何鼓勵學生之謎。

錯誤目的偵查線索表

一、回想一個你跟孩子最近面臨的挑戰，把它寫下來，以寫劇本的方式來描述發生了什麼事：孩子做了什麼？然後你怎麼反應？接著發生了什麼事？

二、你在這個挑戰的過程中有什麼感受？（從錯誤目的表的第二列裡選擇一種感受），把它寫下來。

三、現在，把你的手指移向錯誤目的表第三欄，查看你在挑戰情境中出現的行為，是否與表中記載的這些典型反應相似。如果有任何一行的描述更符合你的行為，請重複確認：是否在這行中的第二欄所列出的情緒更符合你的深層感受。（例如，我們常常說我覺得心煩，但是在深層裡，我們覺得被挑戰或受傷；或是當我們真的覺得在權力角力中被挑戰或打敗時，我們可能說我覺得無望與無助。）你的回應方式，就是深層感受的線索。

四、將你的手指移到第四欄：那些描述是否符合孩子針對你的反應做出的回應？

五、現在，將手指移到左邊第一欄，那可能就是孩子的錯誤目的，將它寫下來。

六、把手指移到錯誤目的表第五欄，你將看到孩子的挫敗信念，把它寫下來。

七、將手指移向第六欄。這些描述符合你抱持的、可能會引起孩子錯誤行為的信念嗎？（記住，這不是指責，而是覺察。）當你學到激勵孩子的技巧，你也會改變這些信念。現在試著做做看，先寫下可能比較能激勵孩子的做法。你可以在最後一欄找到線索。

八、將手指移到第七欄，在那裡你會找到孩子傳遞的密碼訊息，亦即，他們需要怎麼樣，才能感受到被激勵。

九、最後，將手指移到第八欄，最後一欄，找到一些下次當孩子出現這些挑戰行為時你可以嘗試的點子。你也可以使用家長與教師工具卡以及你的智慧，去思考要說些什麼或做些什麼，來回應第七欄的密碼訊息。把你的計劃寫下來。

十、到目前為止，還好嗎？在你的筆記上記錄你真實的發現以及發生的事。孩子的行為有改變嗎？你的行為呢？如果你的計畫沒有成功，試用其他工具看看，不過在展開每個新嘗試之前，都要做到「糾正前，先和孩子連結」這個動作。

另一個辨識錯誤目的的方法，就是使用德瑞克斯所謂的「目的揭露」。雖然錯誤目的表不太可能囊括所有學生的信念，但還是有助於猜測學生的動機信念。而目的揭露的過程，則是透過和學生建立連結的方式，幫助教師證實自身的猜測，因為過程中有深度的同理，能讓學生覺得教師理解他們的感受。

目的揭露

衝突發生時，教師可以從衝突中離開，冷靜一段時間後再和學生私下談話，這時友善的氛圍非常重要。在猜測學生行為的原因前，先徵求他們的許可，並且讓學生明白，他們可以對你的猜測發表意見（這對他們來說，也會是個新奇的挑戰）。教師可以試著從詢問下列的問題開始，一次一題，如果問完問題後，得到肯定的回覆，或是認可的回饋（例如學生回答不是，臉上卻露出一抹笑容，在這種情況下，「不是」表示他本能的否認，微笑則表示他在潛意識層面上，對自身有了更深的理解），此時就可以繼續計畫用積極並賦權的方式，滿足學生的需求。如果問題沒有得到足夠清晰的回答，就繼續問下一題。

一、過物尋求關注：「你這麼做，是不是為了要我注意到你呢？」

二、爭奪權力：「你是不是想讓我知道，我管不了你？」

三、報復：「你是不是覺得很難過，並且想要報復？」

❻ 家長或教師如何引發問題	❼ 學生的訊息密碼	❽ 家長或教師積極和賦權的回應
「我不相信你能面對失望。」 「你不快樂的話，我會很內疚。」	「注意我，讓我參與。」	透過讓學生參與有幫助的活動，重新引導學生獲得正向的關注。 告訴學生你在乎他們，並告訴他們你會怎麼做：「我愛你，而且我會＿＿＿＿＿＿」例如「我很在乎你，待會再花時間陪你。」 避免特殊待遇。 只說一次，接著就行動。 對學生處理自身情緒的能力抱有信心，不要幫他們解決問題或是拯救他們。 規劃特別時間。 建立慣例。 讓學生積極參與問題解決。 運用家庭會議或班會。 忽略 無言的肢體接觸，建立非言語的信號。
「你得聽我的話，並照我說的做。」 「我認為要讓你進步，最好的方法就是告訴你該做什麼，並在你沒有照做時懲罰你。」	「讓我幫忙，給我選擇。」	承認你無法強迫學生，並透過尋求幫助，重新引導出正向力量。 提供有限選擇 不爭執也不讓步 從衝突中抽身並冷靜下來，溫和且堅定，直接行動，不多說，決定自己要怎麼做，讓日常慣例表主導，養成相互尊重的習慣，向學生尋求幫助，建立合理的規範，練習貫徹執行技巧，運用家庭會議或班會。

錯誤目的偵查線索表

❶學生目的	❷家長或教師的感受	❸家長或教師的反應	❹學生的反應	❺學生行為背後的信念
過度尋求關注（使他人為我忙碌或為了獲得特殊待遇）	煩躁 惱怒 擔心 內疚	提醒 哄騙 替學生完成他可以自己做的事。	暫時停止，不久之後可能故態復萌，或轉向其他干擾行為。 獲得對方全部的關注後才停止。	「我只有在受到意，或是獲得特殊遇時，才算重要。 「只有讓你為我忙團團轉時，我才要。」
爭奪權力 （我說了算）	生氣 受到挑戰 受到威脅 挫敗	爭執 讓步 心裡會想：「你不可能為所欲為」或「我會強迫你做」。 想要證明自己是對的。	行為加劇 貌似順從，心裡不服 家長或教師生氣時，感到自己贏了。 消極抵抗	「只有當我發號令、掌控一切，或證明沒人能控制時，才能得到歸感。」 「你管不了我。」

（續）

❻ 家長或教師如何引發問題	❼ 學生的訊息密碼	❽ 家長或教師積極和賦權的回應
「我是去幫你，才會（不聽你說）告訴你。」 「比起你的需求，我更擔心別人的看法。」	「我很受傷，請認同我的感受。」	重視學生難過的感受（你可能需要猜測他的情緒） 不要認為學生在針對自己 避免懲罰與報復，打斷報復循環 建議雙方積極暫停，專注解決問題 運用反映式傾聽 運用「我」句式分享自己的感受 道歉並做出調整 鼓勵學生的優點 對學生一視同仁不偏袒 運用家庭會議或班會
「我希望你能達到我的標準。」 「我以為幫你把事做好是我的職責。」	「別放棄我，告訴我如何小步前進。」	把任務分成小步驟 降低任務難度，使學生獲得成功經驗 創造能成功的機會。 花時間練習。 教導學生技巧，並進行示範，但不要為他們完成任務。 停止任何批評。 鼓勵任何積極嘗試，即便是很小的嘗試 專注在學生的優點上。 不要可憐學生。 不要放棄。 享受與學生共處。 基於學生的興趣設計課程。 運用家庭會議或班會。

❶ 學生目的	❷ 家長或教師的感受	❸ 家長或教師的反應	❹ 學生的反應	❺ 學生行為背後的信念
報復（以牙還牙）	難過 失望 不信任 厭惡	反擊 以牙還牙 「你怎麼能對我這麼做？」 認為學生在針對自己	反擊 傷害他人 破壞物品 以牙還牙 變本加厲 行為增強或使用另外一種問題行為	「我得不到歸屬感所以就用讓我感到痛苦的方式去傷害他人。」 「我不受歡迎或喜愛。」
自暴自棄（放棄自我或孤立自我）	意志消沉 絕望 無助 無能為力	讓步 幫學生完成他們該做的 過度幫助 對學生缺乏信心	更退縮 被動 沒有改善 沒有回應 不願嘗試	「我不相信我能融入並得到歸屬感，所以我要說服別人不要對我有任何期待。」 「我很沒用也很無能，根本不用繼續嘗試，因為我一定會失敗。」

四、自暴自棄：「你是不是覺得自己一定做不到，所以想要孤立自己？」

上述問題，用意是探究學生內心之目的。如果針對上述問題，教師得到了肯定的回覆或認可的回饋，那麼教師可以試試用下列這些回饋，與學生溝通：

一、過度尋求關注：「大家都渴望關注，要獲得關注也有許多方法，有些可以帶來正面的鼓勵，有些則帶來沮喪與失望。你願意跟我一起，試試一種能讓你用正面方式獲得關注的方法嗎？比如在上學時和其他同學打招呼，這不僅對你有幫助，同時也能鼓勵其他人。」

二、爭奪權力：「權力可能帶來正面影響，卻也可能造成傷害。要是你採用一種對自己跟全班都有幫助的方式，運用你的權力，那我會非常感謝你。你要不要試試看在明天的班會上，帶領大家討論？或是當某個科目的小老師，幫助那些成績比較落後的同學？」

三、報復：「我看得出來你覺得很難過，我很遺憾，我能幫你什麼嗎？」如果學生的錯誤目的是報復，通常只要他難過的感受得到了認同，就能使行為改變。如果認同無效，可以試試「你想不想明天再一起討論，看看我們能不能找出解決方法？」

四、自暴自棄：「我不會放棄你的，因為我非常在乎你，只要能幫助你成功，我願意付出任何代價。現在先讓我教你一些簡單的方法，這些方法能讓你準備好。」例如學生的圓畫得很糟，可以告訴他「我先幫你畫好一半，你再畫上另一半。」這個方法幾乎可以處理大部分的學習任務。

目的揭露這個方法非常有用，當教師表現真誠的關心，學生就會感覺和教師有深度的連結，這個方法還能讓教師深入理解學生，學生也會針對自身深層的需求和動機，獲得寶貴的了解。

教師在目的揭露的過程中所表現的友善行為，反映了教師在乎學生的程度，因為有效的目的揭露，常伴隨教師真誠的關心，學生也會體會到全新的連結感，所以在過程中，就能滿足學生對於歸屬感與貢獻的需求。當歸屬感和貢獻增加時，問題行為就會減弱。

全球教學現場案例分享

香港九龍

八歲的艾力克斯非常聰明，但在學校裡卻沒有朋友，大部分的女孩都直接忽視他，男孩則常和他發生衝突。他最大的問題就是拒絕服從教師和家長的指示，如果他對某個科目沒興趣，就不會參與；體育老師花了非常多精力才讓艾力克斯冷靜下來，因為他不喜歡分組活動，所以一直干擾課程進行。艾力克斯的數學跟自然很好，但有時他先完成指定的作業，覺得無聊，就會開始干擾其他人。他曾經告訴我，他知道自己的行為不對，但他無法控制自己的情緒。

我們學校裡大部分的老師都覺得受到挑戰，非常挫敗，而且很氣艾力克斯。他們處理艾力克斯的方法，就是把他排除在外——請艾力克斯到教室外罰站，讓自己冷靜下來，或是在艾力克斯干擾其他同學學習時，請他先到一旁休息。

我對他的行為也感到非常沮喪。他很聰明，知道自己在做什麼，也了解是非對錯，但還是選擇做出錯誤的行為，為自己帶來麻煩。考慮到他的種種問題行為，難怪最後沒人想跟他當朋友。

我參考了錯誤目的表後發現，艾力克斯的目標應該是爭奪權力。他想要掌控權力，控制一切。他可能在想「老師拿我沒辦法，如果我能主控情況，就能安全又快樂；我主導一切，沒人能管我要怎麼做。」

運用「學生的訊息密碼」欄中的「讓我幫忙，給我機會選擇。」以及最後一欄中的建議後，我們決定讓艾力克斯擔負更多責任，並鼓勵他幫助其他人。我和艾力克斯討論了這些問題，請他試試看一些合理的方法，至少為期一個月。之後我使用後頁的表格來追蹤艾力克斯的行為，以及艾力克斯可以選擇的兩項新行為。

在接下來的幾個禮拜中，艾力克斯也曾故態復萌，這時我就會問他：「在你覺得無聊

課堂中的問題	目前的行為	新行為一	新行為二	決定與結果
他在完成作業後，會覺得很無聊。	他會四處走來走去，干擾其他同學。	他可以向老師要求更多作業，讓自己處在忙碌的狀態，直到其他同學完成作業。	他可以幫助其他同學，但要先徵求老師同意。	他選擇了行為一。 這讓他專注在自己的作業上，因此就沒有時間去干擾別人。
他討厭體育課的分組活動。	他會和體育老師爭辯，或是直接離開。	他可以向體育老師詢問，能不能讓他休息，並坐在小組之外。（積極暫停）	他可以詢問體育老師，能不能先在旁觀察，並在他覺得準備好時，自己試試看。	他選擇了行為一。 體育老師告訴我，當艾力克斯選擇積極暫停時，比較容易讓他冷靜下來。 同時因為體育老師不用花時間糾正，或和和艾力克斯爭辯，他也能專注在自己的教學上。
他總是和別人起衝突	小組的其他同學如果不同意他的看法，他會執意證明自己是正確的，最後演變成衝突。	他可以先寫下其他小組成員的看法，輪到他時再發表自己的意見。	無	他發現當他把其他同學的意見寫下來，並專注在這些意見的共通處後，他比較能同意多數人的意見。 他同時也比較享受為小組服務，而不是花時間爭辯對錯。

學校諮商師、認證正向教養講師，維若妮卡．何（Siu Mei Veronica Ho）

的時候，你選擇怎麼做呢？」之後他會記起自己的選擇，並依據選擇行動。艾力克斯的表現當然不到十全十美，但他有了很大的進步，他說他在擔負責任的時候，會覺得自己很棒，也很強大。

全球教學現場案例分享

美國亞特蘭大

我擁有超過三十年的教學經驗，教過來自不同背景、擁有不同能力的學生，而我發現對所有學生都有用的方法，就是充滿積極、鼓勵、尊重的正向教養。正向教養讓我的教學變得更以學生為中心，而且在幫助學生改變行為上，我也變得更有效率，教室中也充滿了歸屬感和價值感。

我每天都會使用錯誤目的表，這項工具改變了我理解學生行為的方式。學生的行為背後都有動機，雖然有時這些動機是錯誤的，但若能辨識出學生行為背後的信念，我就能夠改變他們的行為，並為學生、我自己、以及整個班級帶來正面的影響。

以前遇到不斷尋求關注的孩子，我會被惹怒，但我現在能理解他行為背後的原因，並且進一步能知道他的私人邏輯與錯誤目的。我現在也成了一位「錯誤目的」偵探，時時思考學生問題行為背後隱藏的訊息，而不是在生氣時爆發怒氣。當學生表現出「注意我」讓我參與的時候，我也能理解他們的行為。另外我還設計了一個遊戲，讓學生以有建設性的方式，正向建立連結，不會讓學生一直以錯誤的方式尋求關注。我也學會許多滿足學生需求、促進學生改變的正面方法，包括分派工作給學生、讓學生參與合作學習小組、適時私下關心他的狀況等。我現在知道學生的行為背後一定都有某些理由，所以我不會受到情緒左右，也不會（因為我的情緒）助長學生的問題行為。我能夠理性思考，注意觀察有哪些線索會透露出學生真正的需求，以及是哪些錯誤的信念在推動學生的問題行為。

幼稚園教師，梅格．佛德里克（Meg Fredrick）

實用小技巧

一、教師需要做出改變，才能了解要處理的是行為背後的信念，而不是行為本身。

二、運用錯誤目的表與目的揭露來鼓勵學生，進而促進行為轉變，能夠省下許多時間。

相關研究

研究指出，如果學生認為他們的教師富有同理心，並且相當關心他們，那麼他們在學習過程中會表現得比較積極。如果教師帶著真誠的關心來做目的揭露，這個過程就可以促進師生雙方的理解，幫助師生間產生長久的連結。另外，如果教師能展現出同理和尊重的態度討論不同的觀點，對於來自不同文化背景的學生會更有幫助。[4]

學者比提歐法瑞（Beaty-O'Ferrall）、格林（Green）、及漢娜（Hanna）的研究指出同理心的重要性。他們的研究支持了我們的看法，也就是：揭露問題行為背後的目的，有助於和學生建立連結或導正學生。[5] 此外，他們的研究還發現，許多人誤解了同理心這個概念，而且有許多教育工作者也不知該如何實踐同理心。學者指出，同理心不同於關心或同情，阿德勒對同理心的定義為「用他人的眼睛去看、用他人的耳朵去聽、用他人的內心去感受」。展現同理心的結果就是對方會有「被人理解」的感覺，而這種受到理解的感覺，在和學生接觸時非常重要。例如學生想要爭奪權力，此時向其展現同理心，就能促進師生彼此的理解，讓學生向教師敞開心胸。受到別人理解，會增加個體的歸屬感，而歸屬感會直接影響學生在學校中的表現。

錯誤目的：過度尋求關注

了解孩子的錯誤目的之後，我們就能進一步了解行為背後的真正原因。
——德瑞克斯

每個人都需要關注，因為每個人都有歸屬感與貢獻的需求。問題在於，學生用了錯誤的方式尋求關注，因為他們的信念是「只有獲得關注後，我才會ＯＫ」。

另一個讓問題雪上加霜的原因，就是有太多尋求關注的錯誤方式，包括成為班上的小丑、表現無助且要求過多的服務、鬧脾氣等，這些都是尋求關注的錯誤方式，起因於錯誤的信念，結果是學生以錯誤的方式尋求關注。

只要運用冰山比喻，就可以簡單解釋「過度尋求關

你在餐廳打翻午餐，大家鼓掌，但並不代表你該往演藝事業發展。

注」這個錯誤目的。

過度尋求關注
只有當你持續關注我
或給我特殊服務時，
我才有歸屬感
注意我
讓我參與

過度尋求關注背後的信念是「只有當你持續關注我或給我特殊服務時，我才有歸屬感」。背後的訊息密碼則是「注意我，讓我參與」。可以參照先前「錯誤目的表」中的第二欄，其中列舉的各式情緒都是初步的線索，教師可以從這些線索開始理解學生的錯誤目的。

下方的案例分享中，喬伊老師很苦惱、生氣、擔心，這個情形意味著學生出現了「過度尋求關注」的錯誤目的。此時喬伊老師就可參考錯誤目的表，理解學生行為背後的信念，並且找出方法正向回應搗亂的學生。

全球教學現場案例分享

英國倫敦

二〇〇七年我在紐約市中心的非營利教育機構工作，第一次得知正向教養。那年我最清晰的記憶，就是當我第一次走進四年級教室時，有把椅子直接往我頭上飛過來。

教室現場一片混亂，全都是一個小男孩造成的，我一開始的處理方式是為了全班的人身安全起見，把他趕出去。後來我想起了德瑞克斯的名言：「有問題行為的孩子，是個挫折的孩子。」

我也想起了冰山圖，這才恍然大悟：外在行為其實只是冰山一角，因此我決定要理解男孩行為背後的信念。因為我出現了煩躁、惱怒、又擔心的情緒反應，所以我了解男孩想傳遞的訊息是「只有在你關注我時，我才能獲得歸屬感」。

後來每次他行為失控，我就想像他穿著一件T恤，上面寫著「注意我，讓我參與」。這讓我面對他行為的態度與反應大為轉變，我不再把他趕出教室，而是做了完全相反的事，請他幫我忙。

從此之後他成了我的小幫手，幫我傳講義、發點心、注意其他同學的狀況等等，這不僅改善了他的行為，也使他的出席率變得更穩定，他甚至還會提早到學校，問我有沒有什麼需要幫忙的地方。現在他能在教室中獲得了歸屬感與價值感，不再需要依靠問題行為來獲取關注。

在我改變態度和反應之後，教室內的氣氛也隨之改變，錯誤目的表可以說徹底改變了我的教學，我也誠摯向所有老師推薦這項工具。

倫敦美國學校十年級教師、認證正向教養講師
喬伊．瑪切斯（Joy Marchese）

實用小技巧

一、學生的行為其實是在傳遞密碼訊息。以下幾種回應能幫助教師引導學生，以正確的方式獲取關注。

- 「你能幫我傳一下這些講義嗎？」
- 「我們來約定，你乖乖坐好把作業完成，我們待會休息時間就出去走走。」
- 「明天課程開始時，你可以擁有專屬的時間，帶著全班做鬼臉跟講笑話。」
- 「你今天當小幫手，負責幫我注意其他同學的狀況。」

二、更多關於「注意我，讓我參與」這則訊息的回應方式，參見錯誤目的表的最後一欄。

相關研究

羅伯特・布魯姆（Robert Blum）匯集了許多高質量的研究之後指出，「除了家庭之外，學校在青少年的生活中，是最重要的穩定力量。」[6]而許多科學證據也支持了「在學校獲取價值感」的重要性。研究顯示，學生和學校的連結越強，就越少發生曠課、打架、霸凌、與破壞公物等行為。另一方面，學生在學校中越有連結感，越能提升學生的動機、學業表現、課堂參與度、出席率。

錯誤目的：爭奪權力

不參與權力爭奪，就能減弱孩子的權力。

——德瑞克斯

德瑞克斯所謂的「不參與權力爭奪」，是什麼意思呢？答案就在權力爭戰所需的人數——至少需要兩個人才會引起權力爭奪，所以如果其中一方不參與，那就不會產生權力爭奪。

注意德瑞克斯說的並不是「打敗孩子」，而是「減弱孩子的權力」；他也不是指減弱孩子「所有的權力」，而是指減弱那些「採用錯誤方式尋求的權力」。

有許多方法可以避免權力爭奪，其中一種就是認同學生的感受，另一種則是明確指出當下的情況：「看

現在不方便講電話，我因為上課使用手機被叫來校長室，待會兒叩你。

來我們陷入了權力爭奪，我們先冷靜一下吧。」或是「再多跟我說說你的情況。」

權力爭奪停止後，保持鼓勵的心態非常重要。然而，當學生處於氣憤之中，鼓勵可能沒什麼用，因此首先要做的其實是給彼此一段時間冷靜。（可參見第五章的了解大腦工具、積極暫停）

如何解決權力爭奪，德瑞克斯提供了生動的比喻：無風不起浪。如果教師透過消極的回應，拒絕認同學生按照錯誤方式尋求的權力，那麼學生就無法興風作浪。

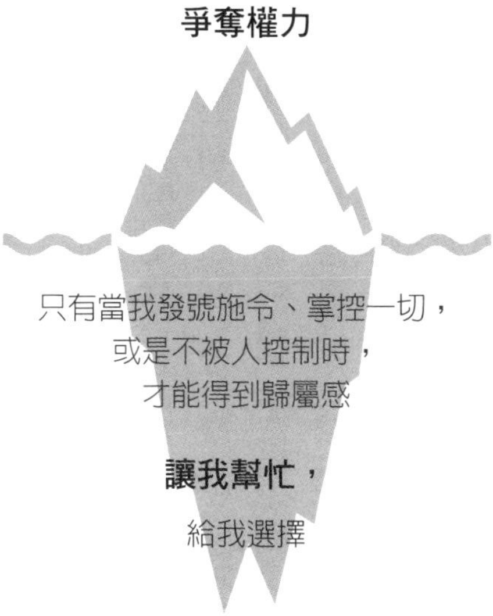

爭奪權力
只有當我發號施令、掌控一切，
或是不被人控制時，
才能得到歸屬感
讓我幫忙，
給我選擇

在這裡，冰山比喻依舊能幫助我們理解錯誤目的：爭奪權力背後的信念是「只有當我發號施令、掌控一切，或是不被人控制時，才能得到歸屬感」，而背後隱藏的訊息密碼則是「讓我幫忙，給我選擇」。這則訊息密碼本身就提供了兩種方法，讓教師能夠引導學生正確運用他們的權力；其他的方法則可參見錯誤目的表的最後一欄中。只要教師以智慧和真誠運用這些方法，就能獲得更多靈感，來處理這項錯誤信念，並幫助學生以正確的方式運用他們的權力。

全球教學現場案例分享

法國巴黎

我班上總共有三十個四歲孩子，其中一個就是維吉妮。該安靜的時候她會唱歌，這時我就微笑提醒她，我們在課堂上討論過的規矩。

但她卻回我一個挑釁的微笑，還唱得更大聲。

我把手指放在唇邊，示意她安靜。完全沒用。

我覺得她在挑戰我，這讓我理解到，維吉妮的錯誤目的應該是「爭奪權力」，所以我決定給她一些權力，因為她自身的行為似乎就是在傳達出這個目標。我問她：「維吉妮，我要怎麼做妳才願意安靜呢？」

她好像對我的問題很有興趣，並用優越的態度回答：「我想要妳畫個嘴巴，並在上面打個叉叉。」

她願意接受我提供的權力，我覺得相當欣慰，所以我決定再給她更多權力，問她想要什麼顏色的嘴巴。

她回答：「紅色。」

我又問她要不要去拿筆，或是我去拿也可以，她決定自己去拿。接著我不斷詢問該怎麼處理紙張，提供她更多權力，她想要把紙張對折，所以我就把紙遞給她。

我覺得已經提供她夠多選擇之後，就接著問她：「那妳現在可以乖乖安靜了嗎？」她點點頭，然後在這段期間再也沒有吵鬧。

幼兒園及小學教師、認證正向教養講師，娜汀．高汀（Nadine Gaudin）

心得分享

厄瓜多瓜亞基爾

我是一間大型幼兒園的園長，努力在教室中實踐正向教養。有天一位教師瑪塔跑來辦公室找我，雖然她也是認證的正向教養講師，但她卻非常沮喪。因為她負責教導五歲的學生，學期已經開始兩周了，她卻無法和班上其中一個小男孩建立連結。這個男孩無時無刻都在調皮搗蛋，作弄老師，還鼓動其他同學一起搗蛋，瑪塔覺得他在破壞課堂活動，同時也覺得她虧欠了其他孩子。瑪塔試過好好跟他說，還賦予他一些特別的責任，這個方法雖然有效，但一段時間後，問題行為又故態復萌，所以她不知道該怎麼辦才好。

雖然我有點擔心，但還是對正向教養保持信心，因此我問瑪塔她有沒有使用錯誤目的表。她臉色一變，然後回答：「沒有，我只是假設他的錯誤目的是過度尋求關注。」所以我邀請瑪塔和我一起檢視錯誤目的表，從中尋找她感受到的情緒，她馬上就發現：「他不是尋求關注，他的錯誤目的應該是爭奪權力才對！因為我沒有覺得生氣，而是覺得受到挑戰！」她還發現她回應的方法錯了，因為她沒有提供男孩選擇的機會。瑪塔告訴我，她會試著讓男孩參與一些有幫助的活動，但同時也讓他有機會能自己選擇。

三天後瑪塔帶著燦笑再度來到我的辦公室，揮著手上的錯誤目的表說：「真的有用！現在狀況越來越好，我覺得很有信心，男孩也很開心，我現在要跟妳談談另一個女孩……」

我非常喜歡這個故事，所以我在正向教養的聚會上分享給其他教師，我覺得這個故事會鼓勵教師花點時間使用錯誤目的表，而不要自己妄下結論。

戴爾塔托雷瑪幼兒園（Preescolar Delta-Torremar）園長、認證正向教養講師

蓋布麗菈．奧塔蒂（Gabriela Ottati）

實用小技巧

一、至少需要兩個人，才能引起權力爭奪，教師必須為自己參與的部分負責，並回應學生的訊息密碼「讓我幫忙，給我選擇」。面對四歲以下的兒童，可以使用有限的選擇，促使他們積極參與，並提供幫助。如果孩子的年齡較大，可

以試試以下的回應：

- 「我需要你的幫忙，你有方法可以解決這個問題嗎？」
- 「我發現我們好像陷入權力爭奪了，我們先暫時冷靜一下，晚點再試試。」
- 「你知道我們的約定是什麼？」
- 「你覺得現在什麼事對我們最有幫助？要不要在班會時和大家討論，或是一起腦力激盪，想出解決辦法呢？」

二、先前的錯誤目的偵查線索表，可以讓教師更熟悉爭奪權力這項錯誤目的。

相關研究

相關研究已經辨識出與缺乏歸屬感有關的生理反應，其中之一就是缺乏皮質醇，這是一種荷爾蒙，在人類面對壓力時，扮演重要角色。[7]研究指出，如果學生在教室中沒有感受到歸屬感或價值感，就會產生攻擊、逃離、僵化等反應，進而導致衝突及權力爭奪。

研究同時發現，班會可以促進歸屬感形成，因此班會的效果可說非常正向，不僅能增加學生的歸屬感，也能降低學生的壓力。如果學生處在壓力較小的狀態，就比較不會引發權力爭奪，也更容易積極參與小組合作，解決問題。除此之外，班會也能創造正向包容的教室氣氛，這對學生的社交、情緒及學業都有正向的幫助。此外，班會還可降低權力爭奪，因為班會是一個可控的場域，學生可以在此解決衝突和問題。問題發生後，只要在班會上討論，就能創造緩衝的空間，讓所有人有時間冷靜下來。[8]而且班會也鼓勵教師和學生，以不涉及權力爭奪的方式，解決衝突和問題。相對來說，如果處在充滿壓力的環境，就很容易發生權力爭奪。

學者布朗寧（Browning）、戴維斯（Davis）、和瑞斯塔（Resta），以二十位一年級學生為對象，教導這些學生正向的問題解決方式，減少言語和肢體上的衝突。[9]研究結果發現，在引進班會之前，衝突發生的頻率相當高，然而，舉辦數次班會後，衝突發生的頻率就大幅降低。

錯誤目的：報復

孩子的問題行為來自挫折，他們同時也犧牲了平靜、快樂和放鬆，換取不當行為的誤解價值。

——德瑞克斯

要理解報復有點困難，因為大多數時候我們不知道「想報復」的念頭是從何而來。學生受到的傷害，可能是來自家中的事件，或他們的同儕，但卻選擇針對教師當成報復對象。許多學生經歷過的嚴重創傷，是教師不知道的；有些傷害可能是教師無意間的舉動造成的——即使教師得知真相，可能也摸不著頭緒。例如有位三年級的老師發現原先和自己相當親近的學生，突然開始忽略她，因此感到相當困惑，雪上加霜

喔對啊，我考試都沒過，功課也都沒交。所以你想表達什麼？

的是，兩家人還是朋友。這位老師於是加入了教師互助解決問題步驟（見第六章），在過程中她才發現，學生覺得受傷的原因，竟然是因為她去度假。這種事，誰能想得到呢？後來她和學生談這件事，獲悉學生非常沮喪，覺得受傷，因為老師沒有告訴他說老師要去度假，也沒有跟他說什麼時候回來。我們要知道的是：錯誤信念可能對任何人來說都不合理——除了懷抱這些錯誤信念的人自己。

本書作者簡還在擔任國小教師時，曾帶過一個二年級的班級，全班都在抱怨一位叫菲利浦的搗蛋鬼。於是簡先請菲利浦去圖書館待著，然後她問班上同學為什麼大家都那麼討厭菲利浦。同學說了菲利浦所有卑劣的行為，包括一腳踩爛同學堆好的沙堡、把足球拿走讓他們不能踢球、用難聽的話罵他們等。

簡問學生：「你們覺得菲利浦為什麼要這麼做？」

學生想出各式各樣的答案，包括菲利浦天性卑劣、他是個惡霸等等。最後終於有個小男孩回答：「會不會是因為他是被收養的？」

簡接著問：「那你們覺得，一個被收養的孩子會有什麼感受？」

教室的氣氛突然轉變，同學們開始同理菲利浦，並分享如果不能和自己的家人在一起，還要一直搬家，一直轉學，交不到任何朋友，那會有多麼難受。

簡繼續問：「有多少人願意幫忙鼓勵菲利浦？」

全班都舉起手。

簡接著請全班分享，他們要如何具體幫助菲利浦，並把大家的想法寫在黑板上。學生提出的方法包括在休息時間和菲利浦一起玩、陪菲利浦一起走路上學、和菲利浦一起吃午餐、多多讚美菲利浦等，接著簡還在每個事項的下面寫下自願負責的學生姓名。

接著簡去圖書館坐在菲利浦身旁，告訴他：「你的同學已經把你面對的問題告訴我了，你知道有多少人願意幫助你嗎？」

報復
我得不到歸屬感，
這讓我很受傷，所以
我透過傷害他人來報復
我很受傷，
請認同我的感受

菲利浦一臉沮喪地回答：「大概沒半個吧。」

簡告訴他：「他們所有人都想幫你。」

菲利浦一臉懷疑：「每個人嗎？真的？」

之後學生們真的把他們的想法付諸實踐，菲利浦的行為也因而大幅改善。學生團結的力量，遠遠勝過一個老師可以做的。

如同德瑞克斯所言：「孩子需要鼓勵，一如植物需要水。」因此了解所有行為背後都伴隨著信念，並找出這種信念，對鼓勵學生來說，實在相當有幫助。

報復背後的信念是「我得不到歸屬感，這讓我很受傷，所以我透過傷害他人來報復」。而背後隱藏的訊息則是「我很受傷，請認同我的感受」。

單純認同學生的感受，當然不能解決問題，這只是個開始；教師必須先察覺針對歸屬感的基本需求，才能進一步解決問題。

對尋求報復的學生來說，霸凌是個相當普遍的行為。下方的案例分享相當經典，說明了如何在班會中和學生討論霸凌問題。舉辦班會不只是解決問題的不二法門，同時也能為學生帶來歸屬感。

全球教學現場案例分享

墨西哥庫埃納瓦卡

本校已經採用正向教養超過五年，身為副校長，我負責的是學生的社交與情緒發展。幾個月前，我們發現有些事在五年級的班級發生，若沒有妥善處理，可能會演變成校園霸凌。

雖然學生們已經接受正向教養一段時間，但我們知道，如果學生對身處的社群缺乏歸屬感，霸凌依然可能隨時發生。因此我們決定和他們談談，讓他們了解校園霸凌關乎的不只霸凌者本身，同時也和受害者及其他人有關。我們和學生進行了對話，讓他們了解任何人都可能成為霸凌的受害者，而且任何人都可能感到沮喪和軟弱，包括霸凌者本身。我們還請學生針對下列問題集思廣益，包括「遭到霸凌時該怎麼辦？」「成為霸凌者時該怎麼辦？」「發現霸凌發生時該怎麼辦？」他們的想法如下：

遭到霸凌時該怎麼辦？

叫霸凌者停止
逃跑
找朋友幫忙
找大人幫忙
大聲告訴霸凌者：「我不喜歡你對我做的事，而且我也不允許你這麼做！」

成為霸凌者時該怎麼辦？

尋求心理治療
改以枕頭或沙包出氣
找老師幫忙
找朋友幫忙

深呼吸

發現霸凌發生時該怎麼辦？

叫霸凌者住手

帶受害者離開

找別人幫忙

請霸凌者和我們一起玩

學生們想到的辦法非常有用，因此事件很快就平息了，這使他們獲得參與感，進而決定在學校舉辦反霸凌競賽，競賽標語是「我們是霸凌剋星！」透過這次事件，我們學會不要低估學生的力量，並且永遠不會忘記，學生是解決問題最堅實的後盾。

朗丁學院（Colegio Róndine）副校長

阿里．烏爾塔多．德．莫里納（Ari Hurtado de Molina）

全球教學現場案例分享

美國喬治亞州

我的第一份教職，是在中學擔任社會科教師兼諮商師。這間學校是專門為學習障礙的學生開設的小型學校，許多學生在之前的學校都適應不良，因為那些學校沒辦法提供學習障礙的學生足夠的學習資源。如果沒有適當的教學策略和配套措施，學習障礙的學生很可能就無法適應，甚至會產生極大的挫折與沮喪。同時，如果學生體會到教師本身也面臨挫折，無法處理學生的需求，這會使學生更為沮喪，我就曾看見其他人發生這樣的狀況。了解問題行為的錯誤目的，讓我能快速知悉學生行為背後隱藏的訊息，進而提供他們需要的支持與鼓勵。

當時學期才剛開始一周，但每次我經過穿堂的公布欄時，都會發現上面的公告不是遭到撕毀，就是被奇異筆塗髒。有天下午放學時，我發現一名六年級學生從包包裡拿出奇異筆亂塗鴉，所經之處無一倖免。看來我抓到兇手了，因為我對自己第一個親手製作的布告欄相當自豪，所以當時心裡的第一個感受是「天啊，我不敢相信他竟然這麼做！」我覺得非常受傷，而我當時的感受，就是學生錯誤信念的最佳提示：他也覺得很受傷，所以想要報復。對一個新手教師兼諮商師來說，能察覺學生的錯誤目的，是件非常有幫助的事。

隔天午餐時間，我向其他六年級學生尋求協助，我告訴他們：「雖然才開學一周，但我發現穿堂的布告欄已經有點破了，我需要你們幫我想想，要怎樣才能讓布告欄變得更堅固，尤其穿堂又總是人來人往的。而且我還發現，有些同學沒有好好對待布告欄，所以我希望我們可以一起努力，想出一個方法，好好愛護學校的公物，並且修好布告欄，這樣才能讓學校大門漂漂亮亮的。」同時我還提到，開學前一周，我和其他老師絞盡腦汁才想出布告欄的歡迎主題，為的就是要讓穿堂更有活力，在開學時迎接所有學生。我運用「我」句式和學生分享我的感受：開學才一周，我精心設計的布告欄就變得破破爛爛的，這讓我既失望又震驚。

學生們對重新設計布告欄充滿熱情，並且攜手合作把布告欄修好，六年級學生決定在布告欄放上各年級學生的照片，包括休息時間、放學時間、午餐時間等，只要是大家開心的照片就行。布告欄展現了學校繽紛的樣貌，比我當初做的還好，而且完全出自學生之手，他們也在過程中了解自身的能力，並獲得歸屬感。

這個故事中可以看見幾項我使用的工具與方法：首先，當我注意到自身的感受時，我就馬上理解學生行為背後的信念，並且察覺發生什麼事——在學校受到傷害的學生正在報復。正向教養促使我鼓勵他們，而不是懲罰、羞辱或責備他們。同時，我也使用了「我」句式，和學生分享我對布告欄遭到破壞的感受。另外，我還將布告欄視為班級工作，透過合作修好布告欄，能夠幫助學生了解自身的能力，並獲得歸屬感。最後，我還和學生一起討論了一些守則，並就如何尊重學校公物和其他人的心血達成共識。因為布告欄是由學生親手製作，所以他們就能理解，如果布告欄遭到破壞，會讓人多麼傷心。製作布告欄也幫助學生了解自身的能力，並獲得歸屬感，因為他們透過合作與親手製作，為社群做出貢獻，而高年級學生的舉動，也替校內的低年級學生，樹立了團隊合作的榜樣與模範。

學校諮商師、正向教養講師，凱莉．葛洛菲博士

實用小技巧

一、所有人，包括成人，受到傷害後的本能反應都是報復。

二、以下的回應可以幫助教師打破報復循環，辨識出錯誤目的：

- 「我猜你因為某件事受到傷害，所以想要報復。」
- 「其他人做壞事時都不會被抓，只有你總會惹上麻煩，也難怪你會覺得沮喪。」
- 「你今天看起來很糟，想聊聊嗎？」
- 「我非常在乎你，所以我們先休息一下，待會再談好嗎？」

相關研究

吉爾（Gere）和麥唐諾（MacDonald）的文章《歸屬感需求的實際案例更新》（Update of the Empirical Case for the Need to Belong）指出，根據先前的研究，人感受到疏離或受到排擠時，不僅可能傾向報復，也較難和他人建立連結。[10]這類研究對班級經營幫助非常大，同時也解釋了某些問題行為背後的錯誤目的，也就是追求報復。舉例來說，有個研究團隊讓受試者透過「噪音爆發」來發洩受傷的情緒——研究者告知某些受試者，其他人不想和他們一起工作，因此這些受試者認為自己受到排擠；此時研究者若告訴受試者，可以使用「噪音爆發」來發洩情緒，這些認為自己遭到排擠的受試者，使用噪音爆發的次數，比對照的受試者更為頻繁。[11]研究顯示，歸屬感降低將會影響個體控制情緒的能力，降低成功人際互動的產生，同時進一步對任務導向的行為及個體的學習能力造成負面影響。阿德勒和德瑞克斯在許久之前，就已發現了「報復」這項錯誤目的，現今的研究也證實他們的結論，也就是個體如果認為自己受到排擠或傷害，就會產生報復行為，而不是其他正面的社交行為。

錯誤目的：自暴自棄

第四個錯誤目的是自暴自棄，這可以在某些孩子身上發現，他們太挫折，因此根本不覺得自己能夠成功。

——德瑞克斯

錯誤目的是「自暴自棄」的學生，在學校可能根本不會獲得教師的關注。要忽略他們非常容易，因為他們並不會表現出明顯的問題行為。然而，教師卻可能在夜深人靜時想起這些學生，因為教師們深知這些學生需要幫助，並且希望自己有更多時間可以幫助他們。

德瑞克斯所謂的「自暴自棄」，是指這些學生並非真的無能（因為他並不相信真的有任何學生是無能的），而是因為這些學生抱持錯誤的信念，拒絕嘗試改

我無法説服我的老師放棄我

自暴自棄
我放棄了，
別管我
別放棄我，
告訴我如何小步前進

變。錯誤目的是「自暴自棄」的學生，可能是最挫折的一群學生，因為他們相信自己根本不可能獲得歸屬感，不可能為團體做出貢獻。

對教師來說，自暴自棄在上課時間可能沒什麼大不了，但當教師試著鼓勵學生時，這類學生通常卻最不好處理，因為自暴自棄會形成一種錯誤的循環：學生徹底放棄，拒絕嘗試改變↓教師因而放棄鼓勵他們↓學生把教師的反應視為自身無法獲得歸屬感的證據↓學生進而變得更加退縮。從下方的案例分享可知，要鼓勵錯誤目的是自暴自棄的學生，通常需要整個社群的共同努力，例如運用班會的形式，或是透過全體教職員共同投入。

自暴自棄背後的信念是「我放棄了，別管我。」背後隱藏的訊息則是「別放棄我，告訴我如何小步前進。」

全球教學現場案例分享

美國紐澤西

在一個寒冷的二月，一位名叫史蒂芬的七年級新生，來到這間採用正向教養的學校。然而，有件事從一開始就十分明顯：史蒂芬在社交上及學業上都無法適應。有幾位同學試著歡迎史蒂芬，並想辦法讓他開心一點，但他的反應卻讓每個人都非常擔心。

史蒂芬常常惹惱同學，說話常讓人感到非常不舒服，而且也不確定該怎麼回應。他還常在課堂上打瞌睡，作業也不交，有時候還會在不適當的時機發言，說些和課堂完全不相關的事。另外，他經常抱怨「這個我做不來」和「我不懂啦」，完全活在自己的小世界中。

史蒂芬說他不做作業的原因，是因為他在家裡根本沒地方可以寫功課。但他卻拒絕了所有幫助，包括送他一張小書桌，或是帶他去買文具等，他拒絕任何友誼的表現。

後來學校的教職員漸漸從史蒂芬口中得知，他的家庭狀況很不穩定，史蒂芬有個十九歲的姐姐暫代母職，但姊弟關係非常惡劣。另外，史蒂芬有點過重，但他穿的衣服全都太小，而且也不符合他的年紀。這導致史蒂芬看起來不太對勁，他的行為也不太對勁，史蒂芬知道自己沒辦法融入周遭的環境。

學校的教師和教職員努力提供史蒂芬幫助和支持，他們運用了許多方法，希望能幫助他回歸正軌，特教老師也出動幫忙，直接和史蒂芬接觸，並從旁指導其他教職員。

在全體教職員定期舉辦的正向教養聚會議上，史蒂芬的名字很快就出現在教師互助問題解決程序的討論項目中。初步了解史蒂芬的狀況後，全體教職員一起檢視了錯誤目的表。史蒂芬的錯誤目的很明顯就是自暴自棄，他的錯誤信念則是「我不相信我能得到歸屬感，所以我要說服別人，不要對我有太多期待」以及「我很沒用，也很無助，根本不用努力了，因為我一定會失敗」。

大家一起討論出他們認為史蒂芬需要的幫助，以及他的問題行為背後傳遞的訊息，也就是「別放棄我！」全體教職員一致同意，當史蒂芬處在對自己及周遭的世界，還有他能否獲得歸屬感，都如此挫折的情況下，此時他的學業表現和缺交功課的情況，相對來說並不是那麼重要。另外，大家也合力想出了所有人都認為可行的計畫，包括校長、教師、廚房員工、處室職員、課後照護人員等。全體教職員想出的計畫如下：

一、從史蒂芬早上走下巴士進入學校後，到他下午搭上巴士回家前，這段期間他都會獲得鼓勵。鼓勵是正向教養的重要原則，這個字源自法語，意思是「付出心力」。

二、只要遇到史蒂芬，就要跟他打招呼，並給他鼓勵。

三、大家都要努力試著了解史蒂芬的興趣。

四、史蒂芬可以免費參加課後照顧計畫，每周有兩天可以在學校待到晚上六點，這樣他就有個安靜的地方可以做作業，同時教師也能給予他額外的指導。另外，教師也會請他幫助其他低年級的學生。

五、特教老師會和史蒂芬進行特別晤談，讓他了解大家都很關心他，而且不會放棄幫助他。

全體教職員一致同意實施這項計畫一個月，並在下次的正向教養聚會上，討論史蒂芬在這段期間的進展。不過不到兩個禮拜後，校長就發現大家已經等不及分享史蒂芬的進步了，這個鼓勵計畫效果非常良好。

史蒂芬的改變非常明顯，課堂上他不再打瞌睡，同時還積極參與學習；他開始露出笑容，也開始按時繳交作業，甚至還向老師要求額外的作業。他的穿著也有了改變，看得出來他把自己照顧得更好了。另外，雖然他午餐時還是坐在餐桌的末端，但起碼他已經開始和同學一起坐。在班會的鼓勵時間，同學也對他善意的舉動表達感謝，他們也發現了史蒂芬這段期間的改變，並且積極回應他。

之後在教職員聚會中，史蒂芬的媽媽剛好打電話給校長，她也注意到史蒂芬的改變，而且想詢問可不可以讓史蒂芬每周五天都參加課後照顧。

現在史蒂芬升上八年級了，他的表現還是一直在進步，他開始幫助其他人，並且表現出責任感，同時和其他同學一起積極參與午餐時間的活動。接下來他很快就會畢業，離開這間學校，展開自己的人生，當然也會遭遇其他挫折和挑戰。然而，「鼓勵」永遠改變了史蒂芬的人生，同時也影響了他的老師們。這個故事告訴我們，鼓勵、價值感、意義感以及對自身潛能所抱持的信心，對人生來說都非常重要，所以千萬不要錯過任何可以幫助並鼓勵他人的機會！

認證正向教養導師，泰瑞莎．拉薩菈（Teresa LaSala）

全球教學現場案例分享

埃及開羅

我班上有個孩子非常暴力，常打人或咬人，受害者甚至包括老師。他還會在上課時跑出教室，如果我們在上戶外課，他則是會跑出遊樂場，老師必須在後面追著他，免得他不小心受傷。

我其實非常喜歡這個孩子，因為他冷靜下來的時候，不僅溫暖又善良，還是班上最聰明的學生。

雖然他常常會無緣無故打我，但打了之後會畫圖送我，並告訴我他非常愛我。有時候他的攻擊行為結束後，會跑來緊緊擁抱我。他偶爾也會幫其他同學修理東西，總之他是個非常矛盾的孩子。

我曾經試過和他聊聊，想知道他的問題到底出在哪裡，我告訴他我們是朋友，他可以跟我說任何事，包括他的感覺，但情況仍然沒有改善。

我覺得非常無助，這樣的情緒反應讓我知道，這個孩子的錯誤目的可能是自暴自棄，他不知道怎樣才能獲得歸屬感和價值感。而他的錯誤信念則是「我不相信我能得到歸屬感，所以我要說服別人，不要對我有太多期待」以及「我很沒用，也很無助，根本不用努力了，因為我一定會失敗」。

和他的父母談過幾次之後，我發現他的父親是個完美主義者，而且也要求自己的家人追求完美，如果他們沒有按照他的方式做，他就會對其他人大吼，並告訴他們，他們做不好任何事。

孩子的問題行為背後隱藏的訊息是「別放棄我，告訴我如何小步前進」。

為了要和孩子建立更深的連結，我決定多和他說一些我自己的事，我想讓他覺得很舒適，並了解我會一直陪著他。同時我也開始給他更難的學習任務，並跟他說我對他有足夠的信心，他一定可以完成這些任務。我使出渾身解數幫助他，某些老師甚至覺得我做得有點過火。

有時候不管我做什麼，情況都不會改善，不過以情緒遊戲開始一天的學習，總是非常有幫助，這樣孩子就能透過訴說自身的感受，來避免問題行為發生。

我會鼓勵他做的任何正向嘗試，並且專注在他的優點上，同時也鼓勵其他老師和他父親如法炮製，我並沒有放棄這個孩子。

我開始在課堂中採用正向教養，特別是鼓勵性工具後，這個孩子就有了驚人的轉變，他變得更為冷靜，同時開始對自己的行為產生正向的感受。當他的父親也開始改變時，哪怕只有一點微小的改變，對男孩的行為也有巨大的影響。因此，他的父親也以真誠的心態，開始在家中採用正向教養。

到了學期末，我們就在這個可愛的孩子身上發現明顯的改變，大家都非常驚訝，雖然孩子還是會有一些零星的問題行為發生，但也都可以很快改正。

幼兒園教師，諾哈．阿布德克哈比爾（Noha Abdelkhabir）

實用小技巧

一、以下是一些運用隱藏訊息密碼的鼓勵方式，能夠幫助教師改變學生的錯誤信念和問題行為：

- 「慢慢來沒關係，我會隨時幫忙你。」
- 「我先做這題給你看，你可以做下一題。」
- 「犯錯沒什麼大不了的，這是我們學習的方式。」
- 「記得你第一次練習的時候有多難嗎？現在你已經很熟練了。」

二、有時可以先別管課業表現，直到學生擁有堅強的歸屬感和價值感。

相關研究

研究顯示，學生在教室中缺乏歸屬感或價值感，會對他們的學習造成影響。實驗發現，受試者如果覺得受到忽略，將會對他們的認知處理和專注力造成負面影響。和獲得歸屬感的受試者相比，受到忽略的受試者在智力測驗、複雜訊息的記憶及複雜問題分析上，表現都較不理想。[12]

另外，耶魯大學的研究指出，教師如果能創造具備正向情緒氛圍的學習環境，學生就能獲得更多歸屬感，並積極參與課堂活動，進而獲得更好的學業成績。如果學生沒辦法獲得歸屬感，無法和其他人建立連結，他們學習的積極度就會下降，因而連帶造成學業成績下滑。[13]

第二章

基本原則

鼓勵學生

有行為問題的孩子，是個挫折氣餒的孩子。

——德瑞克斯

本章開頭，是一句我們最喜愛的德瑞克斯名言，我們也非常喜歡他另一句名言：「孩子需要鼓勵，一如植物需要水。」鼓勵可說是所有正向教養方法背後的基本原則，正因如此，我們有時也會把正向教養稱為「鼓勵模式」。

區分鼓勵和讚美之間的差別非常重要。讚美強調的對象是學生，意味著成人的認可，因此學生會認為「如果大人這麼覺得的話，那我應該沒問題吧」。雖然學生喜歡獲得讚美，但長期下來，讚美可能會造成學生的不安全感與依賴。讚美會使學生開始懷疑「我和其他人比起來怎麼樣呢？」而不是「我該如何運用我的優勢幫助別人。」相形之下，鼓勵帶來的則是自我反省：「我對自己本身以及我的行為有什麼感受？」鼓勵代表盡早把控制權交還給學

孩子，要記住，每個不及格學生的心裡，都藏著一個資優生。

生，這樣他們就有能力掌握自己的生活；也代表讓學生自己想辦法，並且對自己有信心可以從錯誤中學習，進而重新面對挑戰。教師的鼓勵可以幫助學生往內心尋找自身的優點，以及面對困難的勇氣，無論這些困難是發生在學校或是在生活之中。

有個好方法可以區分「鼓勵」和「讚美」之間的差別，那就是透過體驗式的活動。教師可以假裝自己現在是學生，並比較自己在聽到下列兩組話語時，心中不同的想法、感受和決定。另一個更有效的作法，就是請別人說給你聽，以便讓教師專心扮演學生，體驗學生的感受。需要特別注意的是，下列某些句子為了強調重點，可能較為誇張。

讚美的語句

每一科都滿分，你會得到獎品。

我非常以你為榮。

我很高興你照我說的做。

我喜歡你的表現！

我很高興你遵照我的建議。

很棒！這就是我想要的結果！

你真是個好學生。

鼓勵的語句

你非常努力，這是你應得的。

你一定很為自己驕傲。

你現在覺得怎麼樣？

我相信你的判斷。

我相信你能從錯誤中學習。

你靠自己解決了。

無論如何，我都很在乎你。

學生能從上述哪些句子得到最多鼓勵？這些話語對學生的長期影響又是什麼呢？如果教師是和其他人一起進行這項活動，而有些人比較喜歡讚美的話，那麼也不要太意外，他們可能陷入了「認可上癮」。不過常見的是，獲得讚美者可能會覺得自己獲得的是「有條件的關愛」或「從頭到尾都是大人的想法！」甚至會覺得「要一直遵照大人的期望生活，讓我覺得壓力很大。」

相對來說，獲得鼓勵者的想法可能是「用自己的方式改變，讓我覺得自己非常有用」或「我覺得受到完全接納，而且願意繼續努力」。

以上的活動並不是要完全否定讚美的功能，教師也不需要認為永遠不能使用讚美。讚美就像糖果一樣，偶爾吃個幾顆，滋味非常美妙，但吃太多就會蛀牙甚至上癮。鼓勵才是教師和學生的必需品，不僅能讓學生覺得自己具有完成任務的能力，同時也相當重視學生在學習過程中的努力和改進，而不是追求完美或是取悅他人。

當教師注意到學生的努力與進展，此時教師所使用的語調以及言語的特徵，都會顯示教師對學生具備的信心。對缺乏鼓勵的學生而言，鼓勵更是至關重要，教師如果透過鼓勵向學生展現信心，就能幫助學生建立內在信念「我做的到，我的努力會有用，而且持續努力感覺很棒」。

全球教學現場案例分享　美國加州

比起鼓勵學生以促使學生改變，大多數學校都會直接採用停學的方式處理學生的問題行為。我以前在某間學校擔任心理諮商師時，有位三年級學生正處在注意力不足過動症（ADHD）的診斷過程中，他一直在干擾課堂進行，而且也已接近停學處分的邊緣。

當他再次干擾課堂進行，剛剛開始採用正向教養的教師，把他叫到我的辦公室，並且請他的媽媽來學校談談。我和他媽媽談過之後，對這位學生有了更深度的認識，而且我也想幫助他。於是我建議與其讓他停學，不如讓他試著承擔更多責任，進而讓他練習一些領導技巧。

在他媽媽的同意之下，我請他在幼兒園班級的課堂上協助我，這個請求讓他受寵若驚，他在幼兒園的班上負責照顧孩子們玩耍、替他們念故事書、帶領大家在自由時間後收拾環境。這些活動提升了他的自信心與責任感，並讓他覺得自己能夠派上用場。他的父母也相當感謝學校，因為我們幫助他的方法並不涉及獎懲。從此之後，家長和學校一起同心協力幫助這個孩子。

臨床心理學家，基倫．施密許博士（Keren Shemesh）

全球教學現場案例分享

美國亞特蘭大

我的班上有個叫約翰的小男孩，很不擅長拼拼圖。有次他在拼一副二十五片的拼圖時，甚至沮喪地喊：「我辦不到！」

因此我們討論了為什麼拼好拼圖對他來說這麼困難，並且檢視完成拼圖的各式策略，同時分享彼此的作品。我在過程中也不斷鼓勵他，例如「你在拼的時候很有耐心呢，因為你會每個方向都試，直到發現合適的那塊，這很不容易，你真的非常努力。」

他拼完後，我接著問他：「完成拼圖之後你覺得怎麼樣呢？」他則是用大大的笑容回答我：「我可以再拼一次嗎？」

金斯伍德（Kingswood）幼兒園教師，芭芭．波斯提許（Barb Postich）

實用小技巧

一、鼓勵注重的是學生付出的努力和學習的過程，而非追求完美。

二、鼓勵帶來的是針對內在的自我反省。例如：

- 「我看得出來你很用功，而且已經準備好了。」
- 「這對你來說很難，但你並沒有放棄。」
- 「你對自己充滿信心，所以最後就成功找到解決方法。」
- 「非常謝謝你的幫忙。」

三、如果教師發現自己使用的是讚美，最好以鼓勵代替。

相關研究

教師若對學生展現信心，並提供真誠的鼓勵，將會直接提升學生的自我效能和動機。史丹佛大學教授卡蘿．德威克（Carol Dweck）的研究指出，教師的回饋不僅對學生動機有重大影響，同時也會影響學生從成功及失敗經驗學習的意願。[14]例如在研究中德威克發現，完成任務後受到讚美的學生，之後傾向選擇比較簡單的任務，這是因為學生想要一直受到讚美，所以就不願承擔犯錯的風險，因而降低了他們的學習動機。另一方面，受到鼓勵的學生，則是傾向選擇較為困難的任務，他們也不會害怕失敗。擅於鼓勵學生的教師注重的是學生的努力、改進、貢獻、樂趣、以及信心。

除此之外，德威克的研究也發現「讚美」與「學生的動機與表現下降」之間的關連，[15]她的研究證實了阿德勒和德瑞克斯在二十世紀初所提出、「讚美」和「鼓勵」間的衝突。[16]不幸的是，直至今日，讚美在校園中還是相當常見的方式。然而，相關研究所支持的卻恰恰相反，這些研究大多對運用過程導向回饋，為學生的努力提供鼓勵，抱持相當正面的看法。

關心學生

身為教育工作者最重要的任務，或說教育工作者神聖的志業，就是要確保沒有孩子在上學時是挫折的，並且讓本來就挫折的孩子，能夠透過學校和教師，重拾自身的信心

——阿德勒

阿德勒曾經創造了一個相當特別的德文單字Gemeinschaftsgefühl，這個字很難給它下個精確的定義，因為它有非常多涵義，有些人可能會認為這個字的意思是「社會興趣」或「社會情懷」，但我們在此先暫時將其定義為廣義的「關心」。例如教師關心學生、學生關心教師、學生關心彼此、學生關心他們的教室、學生關心自己時時刻刻做出貢獻、學生關心世界和平等等。接下來的重點，就是如何把這些關心

妳的心臟比一般人的稍微大顆一點，這可能是因為妳是個老師。

化為具體行動，這些行動就是社會脈絡定義下的「貢獻」。（參見第四章的「貢獻他人」小節）

美國作家馬雅．安傑洛（Maya Angelou）曾經說過：「人們可能會忘記你說過的話，也會忘記你做過的事，但永遠不會忘記你帶給他們的感受。」教師花時間向學生表達關心，能夠幫助學生社交、情緒、學業這三方面的成長，因為他們的基本歸屬感需求已經獲得滿足。同時，只要教師花時間用心和學生建立連結，就能減少管教問題，並讓班級氣氛更為凝聚。

教師可能覺得自己已經很關心學生了，但學生們知道嗎？如果問學生，可能會得到出乎意料的答案。和學生建立連結的另一種方式，就是確保關心的訊息有確實傳達給學生，根據研究，這是影響學生成功與否的重要因素，同時也是正向教養的基本原則之一。因為學生最基本的目標就是在學校中獲得歸屬感，並且做出貢獻。所以關心就成了學生的基本需求，如果想要學生順利發展，教師就必須滿足這樣的需求。

下方第一個案例分享，就提供了完美的範例，呈現學校諮商師和教師，是如何透過各種正向教養方法——包括班會——創造一個能讓學生暢所欲言的環境，因為有這樣一個充滿關心的環境存在，學生才可以大方向教師分享自己的私密故事。

全球教學現場案例分享

美國西雅圖

禮拜一我的學生克里斯告訴我，他獲知自己患有自閉症，我問他是不是馬上就要和同學分享，或想先暫時保密，他說他想先自己沉澱一下，不要跟其他人說。

接下來的這個禮拜中，克里斯和同學之間發生了幾件事，使他非常沮喪。學校的諮商師茱麗葉塔和我討論：向其他同學告知克里斯的狀況，可能會對情況有很大的幫助。

茱麗葉塔和克里斯也在他們的晤談中討論了這件事。克里斯隔天來上學時告訴我：「老師妳應該記得我之前的決定吧？但我現在改變主意了。」我跟他說他真的非常勇敢，接著問他什麼時候要告訴其他同學，但他覺得由我來說比較好。

當天的最後一堂課，全班同學按照我們每周五感恩圍圈的慣例，在地毯上圍成一圈，接下來我跟大家說：「克里斯請我告訴大家一件事，他最近發現自己患有自閉症，這是一種大腦機制的差異，和一般人不太一樣。我這幾天讀到一篇文章，上面說自閉症患者就像雪花一樣，每一片都有各自不同的形狀。對克里斯來說，自閉症讓他有時沒辦法好好和其他人溝通、回應其他人、表達自己。我還要稱讚克里斯，因為他勇於和我們分享他的不同之處。我們都知道，我們自身和別人不同的差異，就是我們的超能力，克里斯現在擁有很多不同的超能力，現在換大家輪流發言，讓克里斯知道，我們在他身上發現了什麼超能力。」克里斯用微笑回應我：「我沒料到會這樣。」

現場聽見學生們那些充滿同理和感謝，同時也非常真實的溫暖話語，實在很感動。克里斯在這整段時間都坐得直挺挺的，臉上掛著笑容。放學鐘聲響起，但同學們都沒有理會，而是繼續輪流發言，直到每個人都有機會說說自己在克里斯身上發現了什麼超能力。我真的為我的學生還有克里斯感到無比驕傲。

安妮皇后小學（Queen Anne Elementary）四年級教師，茱莉．柯蘭多（Julie Colando）

諮商心理師，茱麗葉塔．斯庫格（Julieta Skoog）

全球教學現場案例分享　美國鹽湖城

羅伯老師已經連續五年蟬聯中學的年度教師，這個獎項是由國中生和高中生共同票選，他同時也獲頒學校的年度教師殊榮。我問他的學生，他們覺得羅伯老師得獎的原因是什麼，學生的回答可以分為以下三類：一、他尊重我們。二、他認真傾聽我們說話。三、他很享受教師這份工作。

我接著問：「享受工作跟這有什麼關係嗎？」其中一個學生解釋：「很多老師態度有

問題，他們討厭學生，也討厭自己的工作，他們看起來也討厭人生，並轉而在我們身上發洩。但羅伯老師不一樣，他一直很正向，而且看起來很喜歡我們的陪伴，喜歡他的工作以及他的人生。不過重點還是他很享受我們的陪伴。」

羅伯老師有個秘密武器，可以讓學生確實體會到他傳遞給學生的關心訊息（也就是和學生建立連結）——他在教室裡擺一隻泰迪熊，告訴給學生：「這是我們的關心熊熊，如果有人覺得沮喪或心情不好，就過來把熊熊拿回去，熊熊會讓你心情好一點。」學生們一開始覺得這老師瘋了，他們已經是高中生或國中生、已經是小大人了啊，怎麼還需要泰迪熊？但不久之後學生就了解羅伯的用意，每天總會有幾個學生，甚至包括美式足球校隊隊員，走到他辦公桌前說：「我需要熊熊。」

羅伯的熊熊越來越受歡迎，為了解決日漸增加的需求，還必須多買幾隻熊熊。每當羅伯發現學生好像心情不佳，就會丟隻熊熊給他，熊熊就是羅伯傳遞關心訊息的方式，表示「我很在乎你，雖然我現在沒辦法和你好好聊聊，但我在乎。」[17]

全球教學現場案例分享

美國亞特蘭大

學業跟不上進度的學生，在教室內的表現可能相當退縮，缺少對學習團體的歸屬感。我曾帶過一群閱讀成就未達標的一年級和二年級學生，那次經驗不僅使我能夠改善他們的閱讀技巧，也使我察覺對學習來說相當重要、卻是潛藏在表面之下的社交和情緒需求。這些學生其實具備足夠的能力，只是他們的學習方式和一般學生不太相同，因此造成他們在傳統定義的閱讀發展上有些落後。只要他們的學習需求獲得合適的回應，並從正向教養中得到歸屬感和支持，他們的學習成果其實相當令人驚艷。

雖然我每天和學生相處的時間非常有限，我還是把班會當作第一要務，因為這是我對他們展現關心的方式。舉辦班會時，圍成一圈相當重要，因為圍圈代表的是平等，而且每個人都有屬於自己的空間。

我認為在我和學生的圍圈時間中，有兩項因素直接提升了學生的閱讀能力。首先，我們會透過眼神交流和微笑來歡迎彼此，同時也會互相握手，這讓我們的連結有了實質的接觸。

這個簡單的歡迎動作，出乎我意料之外地為學生們帶來了歸屬感和連結。彼此歡迎凝聚了我和學生，並讓學習在我們之間發生。另外，我們也會在班會時練習鼓勵彼此，例如我的學生會說：「山姆對大家都很好，他很喜歡學習，而且他也樂於在別人需要幫忙時幫助他們。」「梅格人很好，臉上總是掛著笑容，並且常常幫助其他進度落後的同學。」學生對彼此鼓勵中的真誠，幫助我們在群體中建立連結、歸屬感及信任。有了正面的開始後，教導學生閱讀也變得相當自然，我認為要是學生們沒有獲得歸屬感的話，事情不可能這麼順利。

一二年級閱讀教師，羅莎琳·迪麥（Rosalyn Devine）

實用小技巧

一、教師在聚會時，可以一起進行腦力激盪，想想有什麼方法能向學生表達關心，包括微笑、在教室門口歡迎學生、特別空出時間陪伴學生、請學生協助、時常鼓勵學生等。

二、記錄討論的結果，並印下來發給每位教師，這樣教師就可以放在辦公桌上時時提醒自己。

三、教師可以時常檢視討論的成果，並從中學習表達關心的技巧。

四、也可以讓學生進行類似的討論，想想有什麼方法可以對彼此表達關心。

五、請學生為討論結果配上插圖，做成「關心表」貼在教室後方。

相關研究

根據美國疾病管制與預防中心的研究，在學校中獲得強烈的歸屬感，會直接提升學生的學業成績，降低輟學率，並確保出席率。此外，在學校獲得歸屬感的學生，也比較不會出現抽菸、酗酒、性行為、攜帶武器、暴力、飲食失調、憂鬱、考慮或企圖自殺等行為。[18]教師花時間向學生表達他們的關心，並試圖和學生建立健全的關係，都會為學生帶來長期的正面影響。馬里蘭大學的凱瑟琳．溫茲爾博士（Kathryn Wentzel）針對青少年和教師、父母、同儕的關係進行了實驗，研究樣本包括一百六十七位六年級學生。研究結果顯示，教師的支持對學生的動機及學習興趣，有正面的影響，另外，充滿關心的師生關係，也會影響學生的社會責任及追求目標的決心。[19]

其他研究也支持類似的結果，顯示教師以互信為基礎，和學生建立健全的關係相當重要。[20]香儂莫蘭（Tschannen-Moran）的研究則指出，師生關係是預防問題行為發生的關鍵，同時，認為教師關心自身的學生，除了在學業表現上會比較努力之外，社會責任也會成長。最後，來自低收入、較不安全學校的學生也指出，關心學生的教師，在特殊狀況發生時，會帶來較多幫助。[21]

本書能夠幫助教師了解如何和學生建立連結，並找到表達關心的方式，研究顯示，隨著學生升上高年級，他們感受到的歸屬感也越來越少。[22]不過，不管學生是幾年級，舉辦班會、放學後特別空出時間陪伴學生、以及其他正向教養方法，都能幫助學生獲得歸屬感，這對學生整體的成功來說相當重要。

專注於解決方案

有時候透過和孩子討論，看看他們有什麼方法，就可以解決問題。

——德瑞克斯

從前有個人為了尋找財富，離家環遊世界，但一無所獲，失望沮喪之下他最後回到家中。有一天，他在整理花圃時，卻在自家後院發現黃金。

就像故事的主角一樣，許多教師一開始也不知道自己的教室中就藏著黃金。老師們只要了解這個事實，然後開始「淘金」——這裡的「黃金」指的是擁有問題解決能力的學生。只要教師了解學生就是黃金，再教導他們一些問題解決技巧，問題就會迎刃而解。

專注於解決方案是一項非常重要的生活技巧，同時也是正向教養的基本原則之一。有一個經典問題，能幫助教師和學生記住這個原則：「你是想罵

因為紅色蠟筆用完了。

人？還是想解決問題？」學生們很喜歡把這句話做成海報掛在教室中，並且在有人過度強調責備時互相提醒，特別是提醒教師：「你是在責備？還是在解決問題？」

比起專注於解決方案，大部分的人會問的問題可能是：「針對這項行為，該使用哪種懲罰？」這樣問其實不對。懲罰的目的是要讓學生「為自己過去的行為付出代價」，因此，正確的問法應該是「這個問題該怎麼解決？」專注於解決方案的目的是學生「為未來學習」，而不是要他們為過去發生的事件付出代價——事情已經發生了，再也無法改變。

教師準備開始「淘金」時，也要先準備好面對初期的抗拒，如果學生沒有受過訓練，或未曾有機會發展及練習問題解決技巧，那麼對自身潛力缺乏充分了解，是件十分正常的事。如果教師請學生思考如何解決問題，而他們回答「我不知道。」教師可以繼續以鼓勵的方式回應他們：「花時間好好想想，可以在我們下次見面時，再告訴我你的想法。」

教師如果定期舉辦班會，提供學生練習問題解決技巧的場域，也可以帶來幫助。另外，如果教師也常常使用啟發式提問（見第三章），就能使學生從自己的角度思考，進而找出解決問題的方法。

教師可以運用「3R1H」標準，來評估學生提出的問題解決方法，也就是良好的問題解決方法必須包括下列條件：

相關的（Related）
尊重的（Respectful）
合理的（Reasonable）
有幫助（Helpful）

學生進行腦力激盪，尋找問題解決方法後，教師可以看一下學生提出的各式方法，並詢問學生：他們想到的方法是否符合上述的標準。另外一個更棒的作法，就是讓學生輪流評估彼此想到的方法，看看是否符合3R1H的標準，之後剔除不符合標準的那些方法。如此一來，不久之後學生就能學會如何評估問題解決方法，並選出最可行的方案。

常有老師問我們一個關於有攻擊性學生的問題：「在我工作的學校裡，大家沒辦法接受攻擊其他同學的學生不受任何懲罰。請問這類情況該如何處理？要怎麼不使用懲罰，同時又溫和且堅定地處理這樣的學生？」

這個困境的解答其實非常簡單，但對某些人來說可能很難理解，特別是如果他們的思維還沒轉變，不了解「懲罰雖然看似有立即的功效，卻無法帶來長期的正面效果」這個事實。如果老師藉著「做出某種不希望學生做的事，希望教導學生不要做這種事」，這樣好像不合理。若懲罰那個攻擊其他同學的學生，這只是去羞辱他。所以，與其讓學生「付出代

價」，不如透過「專注於解決方案」，讓學生學習如何修復他造成的損害

有些成人為了教導孩子不要傷害他人，反倒採用傷害孩子的方式，這相當諷刺，這些成人可能也會認為以身作則的老師，才是最好的老師，但當他們運用懲罰時，卻是在展示他們不想讓學生學習的行為。

本書一再強調，懲罰的目的是讓孩子為了過去的行為付出代價，但正向教養採用的卻是另一種方式，也就是鼓勵。和懲罰相比，正向教養會採用什麼方式呢？可以參考下列的例子：

一、認同攻擊者的感受：「你一定很生氣。」大家都認為應該要先安慰受害者才對，但我們稍後會解釋為什麼這未必是最好的方法。

二、以友善的方式運用啟發式提問（見第三章），了解事件的來龍去脈。

三、接下來，轉向受到攻擊的學生，詢問他的說法。這時教師可能會發現，看似無辜的受害者，有可能是造成攻擊事件發生的原因。

四、如果不是上述的情況，就繼續詢問攻擊者：「你覺得你可以怎麼補救呢？」

五、如果發現兩名學生都有責任，就專注在問題解決上：「你們對解決這個問題有什麼想法？」（可參見第六章的一視同仁方法）

六、另一個可能的方法，就是請相關學生在班會上提出討論，這樣他們就可以從其他

同學身上，得到如何補救以及解決問題的方法。

堅信學生必須受到懲罰的教師，就會繼續使用懲罰，而受到懲罰的學生則是會變得越來越挫折，未來也更有可能繼續攻擊別人，懲罰到最後一定會產生所謂的「報復循環」。

只要了解「改變學生未來行為最好的方法，就是透過鼓勵」，那麼教師和學生就能專注在尋找解決問題的方法上。比起注重懲罰和報復，專注於解決方案能夠促進和平，而這並不是只會在教室中發生而已！

全球教學現場案例分享

美國肯塔基州

有天早上，我和校長擦身而過，他正從八年級的教室走出來。而我走進入教室時，學生的臉色都不太好看。但學生依然快速動作，移動桌椅圍圈，並開始舉行班會。互相鼓勵後，班會主持人向大家提醒上次班會的決議，並詢問還有沒有人想討論其他事宜。

教室一片死寂。幾分鐘後，我問大家是不是有什麼問題需要解決。教室還是一片死寂，我等了一會，然後終於開口詢問：「我能問個問題嗎？」

我得到的回答是「嗯」。

「我剛才在走廊上和校長擦身而過，有人想和我分享他說了什麼嗎？」

「因為大家都沒把襯衫紮進去，也不繫皮帶了，這讓他很生氣。」有個學生回答。

「原來如此，針對這個問題，大家有什麼想法嗎？」我問。

學生們迅速進入問題解決模式，大家紛紛舉手，並把相關意見寫在黑板上，最後，學生選出了三種可行的方案：

一、派兩位同學站在門外，提醒那些襯衫沒紮的同學記得把襯衫紮進去。

二、有多餘皮帶的同學，把皮帶帶來學校，集中放在同一個盒子裡。和方案一相同，站在門外的同學可以提醒大家繫上皮帶，放學時大家再把皮帶放回盒子裡。

三、請兩名同學負責製作海報，提醒大家「穿制服時一定要記得紮衣服跟繫皮帶」。

班會結束後，學生們的臉上再度綻放笑容，他們不僅遵守了學校的服儀規定，還一起找出了解決問題的方法，同時這個方法也符合「3R1H」的標準。

美國聖凱薩琳學院（St. Catharine College）講師、認證正向教養導師
瑪莉・霍根・瓊斯（Mary Hogan Jones）

全球教學現場案例分享

美國加州

在我的特教班級中，有個九歲小男孩深受正向教養的薰陶，這套方法似乎和他的正義感相當契合。但今天這個男孩卻十分氣憤，因為老師覺得他干擾課堂進行，所以想要懲罰他，懲罰方式就是限制他在休息時間玩耍的範圍。當我向老師詢問時，她表示只要他能想辦法解決上課時的問題行為，她就可以網開一面。

因此我和男孩坐下來討論要怎麼解決，十五分鐘後，他就寫下了解決方法，他想到的方法都相當符合「3R1H」標準，所以我問他要先試哪個方法，他決定如果老師覺得他的玩具車太吵，那就先讓老師沒收三分鐘，如果再發生這種情況，那他就得把玩具車放回書包，不能再拿出來玩。他接著告訴老師這個方法，老師也決定試試看。男孩為自己感到非常驕傲，而玩具車之後也不再造成課堂中的問題。

四、五年級特殊教育助理、認證正向教養講師

傑奇・費里曼（Jackie Freedman）

全球教學現場案例分享

美國加州

我今年負責教導九年級和十年級。學期開始時，我總是得發許多講義給學生，但這卻造成很大的麻煩，問題出在學生亂放講義，或發講義時漏拿，等到上課時就就沒有講義可用。因此我特別在班會上和學生討論這個問題，主題是「消失的講義」，並向學生解釋，如果他們上課時沒有講義，就會對學習造成負面影響，這對身為他們老師的我來說，是個非常嚴重的問題。如果學生沒有講義，就會干擾課堂進行，所以我問他們：「你們覺得怎樣發講義最好？因為我每次都有發，但上課時你們卻都沒有講義，我需要大家集思廣益，這樣才能確保每個人都有講義可以上課。」

我們討論出了幾個方案：一、在檔案櫃多放幾份講義，如果學生需要，就到櫃子去拿。二、學生可以和其他同學一起看。三、第一次發講義時就點清楚，如果有人確實有拿到講義，之後卻弄丟了，就得自己借同學的講義去印。

最後我們決定，發講義時，由一個同學負責把多的講義收在講義夾中，並把講義夾放在教室後方，如果有人發現他沒拿到，就自己去後面拿，但不能打擾到其他人。同時，如果學生發現他拿走的是最後一份，就要寫張字條提醒其他人；而重新印講義放入講義夾中，則是全班的責任。

這個簡單的機制改變了我的班級，學生可以自行處理講義的問題，這樣我就可以專注在教學上，不用再費心處理沒有講義的學生。

中學教師、認證正向教養講師，黛安娜．洛依斯基（Diana Loiewski）

實用小技巧

一、教師不只是在班會中教導學生專注於解決方案，而是無時無刻都要這樣做。

二、請幾位學生製作「問題解決步驟」海報，海報中包括下列幾項步驟：

- 找出問題
- 腦力激盪，盡可能尋找解決方法
- 挑一個所有人都能接受的解決方法
- 用一個星期嘗試這個方法
- 一個星期後進行評估，如果問題沒有解決，重覆上述的步驟，直到問題解決。

相關研究

雖然已有許多研究證實懲罰的負面效果，但這類研究大都刊登在學術期刊中。[23]懲罰設計的目的，就是讓學生為自己的行為「付出代價」，而不是專注於解決方案。學習理論顯示，懲罰不僅對學生學習沒有任何幫助，還會造成學生對懲罰者的疏離，催生更負面的行為，甚至讓學生感到恐懼。另外，研究也指出，運用懲罰控制學生，可能會降低學生的內在動機。懲罰在專制獨裁的教室中扮演相當重要的角色，卻會降低學生的自律程度，並助長問題行為產生。[24]

另一方面，發展和問題解決相關的社交和情緒技巧，則會帶來許多長期的正面影響。研究顯示，學生如果學會自我調節、表達情緒、合作、分享、問題解決等技巧，在學校中就能適應得更為良好，同時也會獲得更好的學業成績。[25]

溫和且堅定

堅定代表的是你在艱難處境下選擇的行為，而專制代表的，則是強迫孩子遵照你的選擇。

——德瑞克斯

身為教師，你會不會覺得自己常常過於溫和，無法表現堅定呢？或是你覺得溫和就代表軟弱，因此你表現得太過堅定？你是不是平常非常溫和，但每當學生發生問題行為，卻又表現得過於堅定？當然，正是因為你不想成為一個苛刻、獨裁或放任的教師，所以你才會思考這些問題。但教師仍然非常容易在過於溫和和過於堅定間猶疑不定，特別是在教導規模較大的班級時，要掌握班級秩序，是個相當困難的挑戰，或者是有太

我是克勞森老師，碩士念的是幼教相關……
我也是空手道黑帶。

多個別學生要處理，讓教師感到相當頭痛。

不過，教師對學生行為的反應，其實不一定只有「過於溫和」及「過於堅定」兩種選擇，像是德瑞克斯就一直在倡導「溫和且堅定」的教養方式。如果學生相信他們會一直得到溫和的對待，那他們就有可能變得相當囂張，即便在犯錯時也是如此。另一方面，要是他們了解教師訂下的規則與期望相當堅定，那他們就能學會遵守秩序。因此，溫和且堅定背後代表的是「我關心而且理解你，同時你也能為自己負責。」這樣的回應傳達了教師對學生能力的信心，代表教師相信學生能夠面對艱困的情況以及學校中發生的挑戰。

大多數教師都知道，和獨裁式領導（這裡我做主，照我說的做）及放任式領導（缺乏條理而且常常過度放任）相比，民主式領導（合作式問題解決）對學生來說更有幫助，但如果沒有事前規畫，要持之以恆地表現出溫和且堅定，可能還是相當困難。因此，為了避免教師在溫和及堅定之間不斷搖擺，正向教養為教師提供了特殊的語彙，這些語彙同時包含溫和及堅定。有些教師發現把這些語彙寫在便利貼上非常有幫助，因為這樣可以時時提醒自己。同時，教師們還表示，即便只是記得其中一部分，對於在教室中採用溫和且堅定的民主式領導，仍是相當有幫助。以下就是幾個例子，值得注意的是，教師在訂下堅定的的規則前，有許多方式可以表現溫和。

- 認同感受：我知道你對某件事感到非常沮喪，可是你還是得完成你的報告，如果你想和我聊聊，我放學後隨時有空。
- 表達理解：我理解你現在為什麼想去做點別的事，可是你還是得先完成你的報告。
- 「我」句式：我知道你不想做作業，可是我也不希望你被當，我們找個時間聊聊該怎麼處理吧。
- 遵照先前的約定：我發現你沒有準時交作業，可是我們先前對交作業的約定是什麼？友善安靜地等待學生回答。
- 提供選擇：我知道你現在想玩手機，可是現在是做作業的時間，你要我先暫時幫你保管手機，還是自己先把手機收回書包裡？

雖然上述例子可能相當制式化，但教師必須記住，方法要能發揮作用，除了依靠穩固的原則外，還得運用教師自身的愛心與智慧，才能將這些語彙應用到日常情境中。如果溫和且堅定的教養方式沒有發揮效果，那麼可能是教師陷入了權力爭奪，或是教師沒有完全理解學生行為背後的信念。這時可能就需要採用其他正向教養方法，例如特殊時光或啟發式提問等，來和學生建立關係，或是在班會中運用合作式問題解決。

全球教學現場案例分享

秘魯利馬

正向教養的理念，也就是採用溫和且堅定的教養方式、了解學生的情緒、使學生具備解決問題的能力、並強調錯誤是最好的學習機會等，都替我開啟了班級經營的新視野。

我已經採用正向教養兩年。第一年的時候，同事說「這當然對你有用，因為你的班級成績比較好啊」。到了第二年，我分配到比較難教的班級，同事又說「現在讓我們看看你還能不能繼續採用正向教養吧」。同事的質疑，反倒成了我採用正向教養的動力之一。

學期結束時，同事們都發現我的班級大幅進步，同時也相當欣賞我和學生一起付出的努力。同事這才知道，我付出的努力，以及我向他們提供的建議，是有可能成功的，因為他們親眼見證了我學生的正面改變。除此之外，接替我去年班級的教師也發現，學生不用一直提醒，已經會自動自發建立習慣，而且學生也擁有解決問題及自律的能力，另外，他們也能互相傾聽，進而尊重並同理彼此。

接替我的教師問我，該怎麼接續我的努力，我就和她分享了我對正向教養的理解及相關經驗，所以現在她也鼓勵她的四年級同事們，一起採用正向教養。

三年級教師、認證正向教養講師

全球教學現場案例分享

埃及開羅

珊卓拉・科爾梅娜雷絲（Sandra Colmenares）

我們學校有個七年級男生，從小學開始就故意不遵守校規，對其他學生產生了負面的影響，特別是年紀較小的學生，他們總是跟著年紀大的學生有樣學樣。

於是今年我們決定採用別的方法，來讓這位學生遵守校規。我們首先採用「先連結後糾正」的方法，試圖認同他的感受。接著我們運用「啟發式提問」，詢問他對學校髮禁的看法，還有他為什麼不想遵守這條規則。聽他說完之後，我們也告訴他我們的意見，還有為什麼他不遵守規則會是個問題。經過這次私下晤談，我們提供給他「有限選擇」：讓他自由決定什麼時候要回學校，但他的髮型必須遵守髮禁。

我們的首次嘗試以失敗告終。即使如此，我們仍決定保持溫和與堅定。我們相當冷靜，同時也相當清楚地告訴他，我們對這樣的情況感到非常沮喪，並和他解釋我們接下來的處理方式：如果他來上課的時候，不是短髮不能入校。隔天他再來上課時仍是長髮，所以我們再次問他，他對自己的選擇是否理解，他說我們有告訴他如果沒有簡短頭髮，就不能入校。

隔天他來上課時終於剪了短髮，他得意地讓我們看他的新髮型，我們也鼓勵他的選擇，從此之後，我們定期和他進行晤談，確認一切都沒有問題。三個多月後，我們就沒有收到任何和他有關的抱怨了。

綠洲國際學校（Oasis International School）
學生事務專員，梅．艾爾．雅瑪妮（May El Yamani）
正向教養專員，法比恩．拉布赫（Fabienne Labouré）

實用小技巧

一、太過溫和就會成為放任，而太過堅定則會成為過度控制。

二、要成為溫和且堅定的教師，需要思考和自制，例如：

- 「要罵人很簡單，但我們現在要專注於解決問題。」
- 「我知道你寧願把時間花在玩電腦上，可是現在是閱讀時間。」

三、讓學生了解自己有任何的感受都是被允許的，但他們的行為卻不一定：「你可以很生氣，但是不能傷害別人。」（可參見第五章的「我」句式）

相關研究

德瑞克斯使用勒溫（Kurt Lewin）的古典團體動力學研究，來幫助教師發展有效的班級經營技巧。[26]勒溫的研究結果顯示，和盲目服從的獨裁式領導及驕縱放任式領導相比，以自由及秩序為特色的民主式領導是最佳的領導方式。[27]德瑞克斯就是依據上述的成果，發展出溫和且堅定的班級經營。勒溫的研究是在愛荷華州的夏令營中進行，參與者全都是男學生，為了進行研究，夏令營的輔導員都經過特別訓練，以便採用上述三種領導模式的其中一種。研究結果顯示，民主式領導的團體展現了合作及分享的精神，他們的合作成果很好。而在獨裁式領導的團體中，學生們則是遵照輔導員規定的方式互動，他們的行為也都受到輔導員控制。最後，放任式領導的團體，則是幾乎沒有互動或合作，學生的行為相當孤立而且疏離。

花時間練習

安全感源於有效處理生活中發生的各種事件。

——德瑞克斯

本書的前言中我們提到，透過正向教養，學生能學習到教師希望他們學會的特質及生活技巧。問題是，要花多長時間？這個問題沒有確切的答案，因為每個學生都獨一無二，情況也可能五花八門，然而，有些方法確實在眨眼之間就生效，跟魔術一樣，但其他方法卻可能需要花時間練習。以學科學習（例如閱讀）來說，如果一年級學生沒有達到四年級的程度，我們並不會感到失望，因為我們知道這需要時間，也需要練習。正如同學生不可能在上完一個單元、一周後或一年後，就馬上精通閱讀一樣，學習珍貴的社交與生活技巧，也需要花上不少時間。

學校的電腦是半年前買的，如果我用這些過時的設備學習，要怎樣在就業市場跟其他人競爭？

有些教師試過某些正向教養方法，例如班會之後，就馬上認為：「哦，這沒用啦，忘了這些方法吧。」但這些教師卻從來不會認為：「我的學生在第一天，甚至第一周結束都還沒學會怎麼閱讀，忘了這些閱讀方法吧。」

本書作者簡・尼爾森初次教導舉行班會的方法時，她告訴老師們「準備迎接一個月的混亂」，因為剛開始的時候學生欠缺開班會需要的責任感和技能。她後來發現一個重點：必須先花時間練習「成功班會的八大技能」（見第四章），然後才能請學生運用這些技能，去解決生活中的問題。她認為原因「並非出在學生還沒有準備好，而是我必須先改變我的教學方法。」後來這些新的方法使班級避免了「一個月的混亂」，並且幫助學生學習成功的技巧。事實上，正向教養的許多工具，都需要花時間練習。接下來的案例分享中，可以了解如何利用「角色扮演」來練習正向教養。

全球教學現場案例分享　埃及開羅

我們學校從二〇一五年九月開始全面採用正向教養。我們和其他學校一樣，面臨了許多挑戰，但我們試著以正向教養解決這些問題。

我要分享的故事發生在去年十一月底，長假前一天的生物課中，故事主角是一名九年級學生，他在教室四處跑來跑去，干擾課堂進行，老師請他回到座位坐好，但他當著全班的面拒絕了老師的要求。

為了避免發生權力爭奪，教師決定忽略這個情況繼續上課，課堂結束後，她請學生來晤談，我也參加了這次晤談。晤談中我們運用啟發式提問向學生詢問事情的來龍去脈，並邀請他進行角色扮演活動，由他扮演老師，而他的老師則扮演學生。活動結束之後，我們詢問他扮演老師時，心中的想法及感受，同時，他的老師也分享了自己扮演學生的感受。

角色扮演活動及後續討論深深影響了這位學生，因為他終於能夠從其他人的角度（包括他的老師與同學）來理解課堂上發生的事件。接下來，我們請他思考如何彌補自己的錯誤，也就是干擾課堂進行。他在晤談中馬上承認自己的錯誤行為，並決定向老師道歉，另外，他還決定寄電子郵件向全班同學解釋整個情況，同時也向他們道歉。值得注意的是，比起等到假期結束後再向同學道歉，這名學生選擇馬上寄信給大家。他也同意在生物課中保持尊重的態度，同時如果他在課堂中想要到處移動，他也不會干擾課堂的進行，而是會以尊重的態度和老師溝通。

之後我們定期和老師聯繫，以追蹤這名學生的行為，我們發現，他真的在課堂中做出改變，不再干擾其他同學。

全球教學現場案例分享

美國亞特蘭大

綠洲國際學校（Oasis International School）
學生事務專員，梅．艾爾．雅瑪妮（May El Yamani）
正向教養專員，法比恩．拉布赫（Fabienne Labouré）

許多教師都希望透過一個完善的計畫，讓課堂順利進行。為了達成這項目標，為了成功打造「以學生學習為中心」的課堂學習環境，老師就必須花時間練習。就我的經驗而言，很多學生都希望多少能主導自己的學習，但因為有效的班級經營需要注意許多細節，所以我常常會依據班級當下的需求，調整我的優先目標。

為了避免造成秩序混亂，我會請學生輪流舉手回答問題，這是非常好的方法，同時還能降低干擾。但該怎麼處理瘋狂舉手、卻不是為了回答問題的學生呢？例如那些想去上廁所的學生。

為了解決這樣的狀況，並處理這類的緊急需求，我會請需要上廁所的學生舉起大拇指，這對我來說是個無聲卻直接的訊號，能夠讓我知道學生必須去上廁所。同時應該也能讓學生覺得舒服些，因為這樣他們就能理解，我們並沒有那麼嚴格，只允許學生在下課時間和午餐時間去上廁所。

另外，因為我花了時間教導學生「舉起拇指」這個手勢的意義，所以我從來沒看過有學生濫用這個手勢。一開始可能會有些頑皮的學生，想要試試這個「魔法手勢」，但花時間教導他們並練習之後，這個手勢就成了我們班級守則的一部分，不僅能讓學生獲得歸屬感，同時也讓他們學會對自己負責。

美國亞特蘭大聖猶達天主教學校（St. Jude the Apostle Catholic School）
一年級教師，佩蒂．史波（Patty Spall）

實用小技巧

一、正向教養如果缺乏練習，就可能失敗，班會就是很好的例子。第四章「班會」小節的「成功班會的八大技能」，就可以讓學生練習。

二、在處理真實的情境之前，教師得先花時間和學生練習所有必要的技巧。

三、教師可以運用模擬的典型問題讓學生進行角色扮演活動，這是非常有趣的練習方式。

四、有些技巧可能需要數天或是數周的練習才能掌握，但有些卻只需要一兩天。

五、事情進展不順利時，教師可以鼓勵學生從錯誤中學習。

相關研究

學者艾默（Emmer）與史托（Stough）在研究中，對有效教學的原則進行了廣泛的文獻回顧。[28]這些研究的對象包括高度異質的班級，以及來自低社經背景學生的班級。研究結果顯示，在學期開始時，效率較高的教師會以相當特別的方式，花時間告訴學生他們對學生的期望，並教導學生班級守則。即便練習過程可能花費數個禮拜，他們在制定及教導班級慣例和活動流程時，仍是相當細心。另外，這些教師還會持續追蹤學生的行為，並花費額外的時間和每個學生一起努力，讓學生了解教師的期望與班級守則。教師特別注重花時間練習這項原則，不僅能為班級營造正向的氣氛，也能在學期間促進學生的合作。

從錯誤中學習

人都會犯錯，比起對錯誤感到愧疚，
將犯錯視為無可避免的過程，對學習會更有幫助。
——德瑞克斯

和我們在錯誤發生後做出的補救相比，錯誤本身一點都不重要。
——德瑞克斯

學生犯錯時，我們可以教導他們應該要感到羞愧，也可以教導他們對於錯誤帶來的學習機會感到興奮。羞愧會造成學生的自尊低落，讓他們害怕學習，但從錯誤中學習卻能為學生帶來信心、能力以及韌性。

太多人從小被教導「犯錯就是羞恥」，因此可能會產生以下的行為：

一、因為害怕犯錯而不願冒險。

二、試圖隱藏自己犯下的過錯，即便代價可能是說謊。

三、為錯誤找藉口，或轉而指責其他人。
四、成為完美主義者，追求永不犯錯。
五、因為自己不夠完美，而覺得自己「不夠好」。

現在想像有一間教室，在這間教室中，教師允許學生犯錯，並且把錯誤當成學習機會；而學生對於分享自身的錯誤，以及從錯誤中學到的事物，也都覺得非常安全，甚至覺得自己受到鼓勵。而當學生犯下的錯誤造成某些問題時，教師也能鼓勵學生專注在問題解決上。另外，如果錯誤涉及受傷的情緒，學生及教師可以運用下列的「修復的4R」原則來調整：

一、承認（Recognize）自己的錯誤，迎接錯誤帶來的負面感受，進而放下這些感受。
二、承擔錯誤的責任（Take Responsibility），但不是以責備或是羞辱的方式。
三、進行道歉彌補（Reconcile），只要他人願意道歉，包括成人在內，那麼學生通常是非常寬宏大量的，一般而言此時最好的回應是「沒關係的。」
四、將注意力轉移至可能發生的問題上，進而解決（Resolve）。

呃……我是不是快要犯錯了？

教師如果可以花時間以正確的方式處理錯誤，並和學生分享自身的錯誤，就能幫助他們發展一生受用的正面態度和相關技能。

全球教學現場案例分享

南韓

有一天我的學生不小心把書桌撞翻，文具灑了一地，我本來非常生氣，準備責備他，但在我開口前，就有另外幾個學生過來幫他收拾，收拾完畢後，他一一跟他的朋友們道謝。其中一個學生跟我說：「當我們的朋友犯錯時，我們不會責備他，也不會讓他覺得羞恥，我們會幫助他。」

我的學生們為我上了一課，而這正是我之前教導他們的道理。聽完之後我非常後悔，原因是我剛剛差點就因為一次小小的意外而責罵學生。

貞賢小學（Johyeon Elementary School）六年級教師
金成奐（Seonghwan Kim）

全球教學現場案例分享

法國巴黎

我正在協助一位教師於班上採用正向教養，她的班級由一群九歲的小孩組成。那天我抵達學校時，正好是下課時間，因此全部的小女孩都跑到遊樂場來找我，像小鳥一樣唧唧喳喳告訴我，班上出現了一個小偷，我告訴她們，我們可以在班會上討論這件事。

在班會中，學生們告訴我有個小偷偷走了積極暫停區的玩具，我聽完之後問他們：「我們犯錯之後，就會一輩子都無法脫離那個錯誤嗎？」

他們異口同聲回答：「不會，當然不會！」

我接著說：「你們說有個小偷的時候，就是在用他犯下的錯誤定義他，但錯誤只是那個人的行為，而不是他這個人。如果有人偷走了玩具，你們覺得他的感受會是什麼？」

他們回答，那個人的感受一定很差，而且一定為自己的行為感到很後悔。

我正要開始向他們建議，偷走玩具的人，可以在大家都沒注意的時候，把玩具放回去，但這時讓人驚訝的事發生了，有個男孩舉起手，手裡拿著玩具，並向大家坦白：「是我拿走玩具，我很抱歉。」

其他的學生全都看著他，然後說：「哇，你還真是勇敢，謝謝你把玩具還給大家。」

男孩回答：「我真的很喜歡這個玩具，但我現在知道，把玩具拿走是不對的。」

我非常欽佩男孩能承認自己的錯誤，這代表他認為教室的氣氛相當安全，他也知道他能夠從錯誤中學習，進而從錯誤中恢復。

幼兒園及小學教師、認證正向教養講師，娜汀．高汀（Nadine Gaudin）

全球教學現場案例分享

美國西雅圖

我想分享一個有關為錯誤道歉的故事，因為在我們先前的「教室中的正向教養」課程中，教師們討論了向學生道歉這件事，我們必須讓學生了解，老師也是會犯錯的。事情是這樣的，我的四年級和五年級學生要舉行非洲鼓演出，因此我在音樂課上和他們一起練習，但有個音樂天分最好的四年級學生，同時也是鼓隊的指揮，卻沒有把這次練習當一回事。他四處搗亂，做些愚蠢的舉動，最後干擾了所有人。我為了表演已經瀕臨崩潰邊緣，因此我馬上把他叫過來，但當我開始在全班面前羞辱他後，就發現他非常難過。這時我知道我做錯了。之後我們順利完成了練習，他的表現也非常棒。下課後我把他拉到一邊告訴他：「老師要跟你道歉，我不應該在全班面前羞辱你，我知道你練習總是非常認真，但我今天卻失去耐心，我不應該這麼做的，對不起。」

他馬上露出笑容回答我：「沒關係，是我沒有遵守規則，我之後可以做得更好。」

我回答：「沒錯，我知道你可以的，但我還是對我的處理方式感到很抱歉。」

我當下發現，先前在課程中討論及練習過的技巧，最後終於都派上用場了，而且並不只是存在於我和這個四年級學生之間，我和其他學生之間也有這種連結。我暫時忘記了自己的感受，並在我感到氣憤之前，先想到了學生。

伍德賽小學（Woodside Elementary）音樂教師，崔莎．希爾（Tricia Hill）
曾參與認證正向教養講師凱西．歐拉提（Casey O’ Roarty）
所開設的「學校的正向教養」課程

實用小技巧

一、正確的教養方式，應該是讓學生從錯誤中學習，懲罰只是讓學生為自己的錯誤付出代價而已。

二、把第一一六頁的「修復的４R」原則貼在學生看得到的地方，這樣學生就可以運用這些原則，練習以尊重和充滿鼓勵的方式，從錯誤中學習。

三、教師可以和學生分享，自己在犯錯後，運用「修復的4R」原則的相關經驗。

四、如果學生犯下的錯誤需要補救或牽涉到問題解決，教師可以積極讓學生甚至整個班級參與，讓大家共同討論補救的辦法，或是一起腦力激盪，尋找問題解決方法。

五、教師可以和學生分享世界上的偉人從錯誤中學習的故事，例如愛迪生就曾說過：「我還沒有失敗，我只是找到了一萬種錯誤的方法而已。」

六、教師每周都可以在班會中，邀請學生輪流分享自己犯下的錯誤，以及他們從錯誤中學到的事物。

相關研究

史丹佛大學的卡蘿・德威克（Carol Dweck）教授曾針對學習進行廣泛的研究，她認為學習和如何處理錯誤及失敗有關。[29]她發現，長期看來，和害怕犯錯、因而逃避困難任務的學生相比，把錯誤當成學習與成長機會的學生，比較容易獲得成功。德威克的研究指出，教師如果教導學生將錯誤當成學習機會，學生就能發展出相應的策略，而這些策略能夠帶來學業及個人生活的成功。另外，這些學生同時也能獲得較高的自我效能與動機，並且願意接受更為困難的任務。

康乃爾（Kornell）、海斯（Hays）及比約克（Bjork）的研究則指出，如果將考試中的錯誤當成學習機會，那麼在考試中犯錯的學生，就會擁有更高的學習效率。[30]他們的研究結果顯示，接受更為困難的任務，進而犯錯，其實能提供深度的學習機會。[31]其他研究也指出學生發展自律時，「錯誤」扮演了很重要角色。總而言之，為了要讓學生順利成長及學習，教師必須允許學生犯錯。

第三章

建立連結

先連結感情，後糾正行為

將困難當成理解和改善的機會，而非責備的理由，建立品德，提供歸屬感，就可以避免任何可能的傷害。

——德瑞克斯

許多人在引起學生的學習動機前，都先設法讓學生們感到很糟。真不知道這個瘋狂的主意是從哪來的。不幸的是，目前仍有許多家長和教師使用「先讓他們很糟」的這種教養方式，想引起學生的動機，然後改善他們的行為與學習。

然而，讓學生感到很糟只會造成疏離與敵意，無法改變他們的行為。研究結果清楚顯示，和學生建立連結會帶來親密與信任，同時為溫和堅定的糾正，和促進學生的改變提供良好基礎。

大家都知道，學生如果感覺好的時候會做的更

我用通靈和大教育家杜威談過了，他說如果你想當好老師，就不要再教聽說讀寫了，你的教學應該要以學生為中心。

好。因此，學生只有在獲得歸屬感，並且感覺自己具備足夠的能力後，才能開始學習。阿德勒把這個現象稱為「歸屬感需求」，這是所有人追求的基本目標。

有些人認為，學生有了問題行為，我們還要幫助他們恢復好的感覺，這樣只會「寵壞」他們，讓問題行為越演越烈。其實，這是因為那些人誤會了「恢復好的感覺」的意思。幫助學生恢復好的感覺，並不代表放棄或是縱容學生，也不代表大人輸掉了權力爭奪。這個行為其實是表示，教師必須理解了解大腦如何運作：學生必須先獲得安全感與尊重，掌管理性思考的前額葉皮質才會開始活動。這和「贏得」學生有關，而不是「贏過」學生。

和學生建立連結，也就是幫助他們獲得安全感和尊重，是正向教養的基本原則之一，同時也是許多正向教養方法的基礎。接下來的案例中可見到，教師運用擁抱和學生建立連結。不過，擁抱對年紀較大的學生來說，可能比較不適合，這時就可以互擊拳頭、擊掌或單純認同學生的感受，這些行為也能傳達同樣的訊息。下方有些案例也會展示這些和年紀較大的學生建立連結的方法。

全球教學現場案例分享

美國波特蘭

特教老師史蒂芬．佛斯特（Steven Foster）和我們分享了以下兩個有關擁抱的故事。[32]

第一個擁抱故事

今天有個四歲男孩突然從工作桌上一躍而起，而且大聲尖叫，表示他現在非常「生氣、沮喪、不開心」，我的助理跟著他到了舒適靠墊區，小男孩把自己包在毯子裡，嘴裡發出含糊的尖叫，不斷猛踹靠墊。他拒絕和助理談話，同時繼續尖叫。

於是我坐到他身旁輕聲跟他說：「我需要一個擁抱。」

他還是繼續尖叫，並且痛苦地扭動著身體。

大約過了十五秒之後，我又重覆了一次：「我需要一個擁抱。」

他終於停止尖叫，身體也不再扭動，不過他還是背對著我。

我又等了十秒才開口：「我需要一個擁抱。」

停頓許久之後，他終於轉過身來，爬上我的膝蓋，並且給了我一個擁抱。我接著問他，他想自己回去工作桌繼續做事，還是想要我陪他回去，他選擇了後者。回到工作桌後不久，男孩就開開心心地完成了工作。

第二個擁抱故事

在我的幼兒園社會技能課程中，萊恩度過了一個糟糕的早晨，他不斷攻擊其他同學、叫大人閉嘴、或是四處跑來跑去之類的。

所以放學前我把他拉到一旁，告訴他看來他今天過得非常糟，因為其他同學都對他的行為很生氣，他又一直叫大人閉嘴，果不其然，他又叫我閉嘴。

我大聲問他是不是家裡發生了什麼事，才讓他這麼不開心。

「閉嘴！」

我跟他說我真的很想幫助他，但不知道要怎麼辦。

「閉嘴！」

接著我問他想不想要抱抱。

「不要！」

於是我說：「嗯……你好像真的心情不太好，所以你不想要抱抱，但是你知道嗎？老師現在很需要抱抱，你能給我抱抱嗎？」

他瞪著我。

我也保持沉默。

終於，他向我走來，然後緊緊抱住我。

「哇，這個抱抱真棒，可以再給我一個嗎？」

於是他又抱了我一下，然後我們就一起去吃點心了。或許他的生活可能還是一團糟，但身為他的老師，我至少可以確保他開開心心度過放學前十分鐘。即使學生沒有在發脾氣，擁抱仍然是個非常有用的方法。

特教老師、認證正向教養講師

《跟阿德勒學正向教養：特殊需求兒童篇》共同作者

史蒂芬．佛斯特（Steven Foster）

全球教學現場案例分享

美國加州

有個學生很難專注學習，他不尊重老師及其他人，而且也常遲交作業。我每天都非常努力，想和他建立連結，我會在教室門口歡迎他來上學，時不時查看他的狀況，並且跟他聊些和課業無關的生活瑣事。我和他的連結隨著這些舉動漸漸建立起來，因而後來便能從客觀的角度，而不是以威脅或負面的方式，和他討論他在課堂中的態度。

中學教師，沙寧．麥卡維許（Shanin McKavish）

全球教學現場案例分享

美國加州

我發現「先連結後糾正」這項原則非常實用，這項原則幫助我冷靜下來不少次，並成功使我幫助學生也跟著冷靜下來。

有一次我的特教學生，一個十歲的小女孩，突然決定她今天在下課時間結束後不想集合，她不僅拒絕集合，還決定坐在穿堂，這大大超出了我的容忍範圍。

我很有理由對她大吼，甚至威脅她，但我選擇彎下身來，放下我的手臂，直視她的眼睛，並且對她露出微笑，接著我問她為什麼不想跟其他同學一起排隊，她回答她就是「不想。」

我接著問她，是不是和朋友吵架了，她隨後證實了我的猜測。

我試著認同她的感受，告訴她在我跟她一樣大時，也曾經和我的朋友吵過架，接著我問她，要怎麼做才能讓她感覺好一點。

她回答她希望能夠和朋友說說話，並且和解。

我試著安慰她，所以告訴她，他們可以在回到教室後討論一下。

回到教室後，她和朋友走到教室外討論，不到五分鐘，她們就解決了，並且回到教室繼續上課。

四、五年級特殊教育助理、認證正向教養講師
傑奇．費里曼（Jackie Freedman）

全球教學現場案例分享

美國加州

有個女學生穿了一件非常短的上衣來上學，這樣違反了學校的服儀規定，校長得知後到了教室，兩人有了以下的對話：

學生：噢，我有麻煩了嗎？

校長：沒有，妳不會有任何事，妳今天看起來真可愛。

學生：謝謝校長。

校長：妳的上衣非常可愛，只是穿來上學好像有點太裸露。

學生：原來如此，那我可以把外套披上。

校長：沒問題，那就麻煩妳了。

校長並沒有責備學生，而是試圖和她建立連結，並且以委婉的方式讓她知道，這件上衣不適合穿來上學，而這名向來叛逆的學生，隨即自行想到了解決方法，並以正面的態度自動解決了問題。

健康科技高等學院（Health Sciences High and Middle College）校長

雪莉．強森（Sheri Johnson）

實用小技巧

一、要改變學生的行為，最好的方法就是先連結後糾正。可參考下列範例：

連結：我發現你好像很沮喪，也很生氣。

糾正：沒關係的，擁有這些感受非常正常，但傷害別人就不對了，你覺得還有什麼別的方法嗎？

連結：我非常在乎你說的話。

糾正：找個時間，我們可以一起討論，要怎麼以尊重所有人的方式，解決目前的問題。

二、第四章的班會方法，可以幫助學生獲得團體的歸屬感和連結。

相關研究

多年以來，已經有許多研究是以學校中的連結為主題。研究結果顯示，師生關係非常重要，而且在學校擁有正向的連結，是影響學生學習成就的基本因素。國家青少年健康縱向研究（The National Longitudinal Study of Adolescent Health）指出，學校中的連結，對於避免學生的問題行為，有非常重大的影響。[33]這項研究的對象包括超過三萬六千名國中生及高中生，研究指出，學生在學校中擁有正面的連結，將會降低藥物與酒精的使用、過早的性行為、暴力及其他問題行為。其他研究則指出，學校中的連結對健康的自尊、自我效能、樂觀、同儕關係都帶來正面的影響。[34]一項研究中針對四百七十六名六年級和七年級學生，根據不同程度的連結分組，做了為期一年的實驗。研究結果顯示，不論學生性別，高度的學校連結，都能夠抵銷負面的家庭關係帶來的影響。另外，學校中的連結，也能促進學生的學習動機，這種現象通常發生在低學習動機的女學生身上，也就是說，學習上缺乏動機的女學生，在團體中獲得歸屬感後，反倒在學習上更為認真。只要教師花時間運用「先連結後糾正」這項原則，就能帶來長遠的效果，包括學習動機、自律、學生對待學習的態度等，都會獲得提升。[35]

問候學生

如果教師開學第一天就站在教室門口，親自歡迎每個學生，那就有機會贏得所有學生的好感。

——德瑞克斯

對教師來說，在學生進入教室前，在門口歡迎學生，是建立師生關係的好機會。有個六年級學生曾跟我們分享，她清楚記得從她幼兒園到六年級的每位老師中，有誰曾站在門口歡迎她，又有誰沒有這麼做。

讀完前面的章節後，你可以輕易發現，許多正向教養方法都可以和其他方法結合運用，而「問候」這項方法背後的依據，和上一節的「先連結後糾正」以及下一節的「特殊時光」相同，都能讓學生在瞬間發現，教師有多麼在乎他們。對某些學生來說，教師晨間的歡迎問候，可能會影響他們一整天的學校生活。

太好了，大家今天都有來上課！

問候學生這個行為具有感染力，在教師以身作則的示範下，學生也可能會開始彼此問候、打招呼。教師甚至可以把問候這項工作，當成班級的日常事務，讓學生輪流負責。無論學生年紀多大，在早晨的問候中，學習正向又充滿關心的問候方式，都是非常重要的練習，如果學生需要更多練習，教師也可以結合角色扮演活動。

研究顯示，就算教師只花少許時間建立連結，學生在學習時也會更有參與感。

全球教學現場案例分享

美國北卡羅萊納州

我每天早上都會站在學校前門歡迎學生，用微笑迎接他們，和他們進行眼神接觸。有時候我們會打招呼，例如「早安」、「謝謝」等，有時候我們則是簡單對彼此點個頭。這樣的歡迎儀式成了學校的慣例，連畢業的校友都非常懷念，而這段時間也是讓校長走出校園的好機會。

我注意到學生們也開始站在門前歡迎同學和訪客，有時候學生也會微笑歡迎我，他們臉上的笑容，讓我得知他們也非常享受這樣的歸屬感。

羅里特許中學（Raleigh Charter High School）校長

全球教學現場案例分享

美國伊利諾州

湯瑪斯．杭伯（Thomas Humble）博士

我最近為聖瑪莉學院這所小型天主教學校舉辦後續培訓時，獲得了一次非常美好的經驗。八月份我因為要前往許多學校為教師進行在職訓練，所以很忙，抵達聖瑪莉那天我的精力已經不像剛開始時那麼充沛，該校是我的最後一站，而且那天早上我家的狀況又很多。

我剛抵達，學校的神父非常溫暖地歡迎我，問我過得好不好，我跟他說我還不錯，但也承認那天早上出了點狀況。之後教師們集合完畢，神父以禱告為我們開場，就跟以前一樣，但他接下來卻說：「我想我們今天就以『洗車儀式』開始好了，對象就是迪娜！」

不知道「洗車儀式」的人現在一定一頭霧水，其實所謂「洗車儀式」，是我在之前的學校為需要鼓勵的人進行的活動。我們會把那個人圍在中間，並用鼓勵「刷洗」他。這個活動的主意來自洗車，既然刷子跟肥皂泡能夠讓沾滿灰塵的車子煥然一新，那麼充滿鼓勵的「洗車」，肯定也能讓人感到滿滿的鼓勵與希望。

我去年來這裡時，曾和他們分享了這個活動，但我卻忘全忘記曾和他們說過。「洗車儀式」由神父開始，他告訴我他從我這裡學到多少東西，他又有多麼欣賞我的上課技巧，接

著換其他人開始鼓勵我，甚至連根本不認識我、對正向教養也還一竅不通的三位新進教職員，都給了我鼓勵。我就站在那邊接受大家的鼓勵，心裡還有點震驚，大家的鼓勵結束後，我再次謝謝他們，接著我們開始上課。

我覺得自己煥然一新，根本就是變了一個人，我還注意到那個早上我有多放鬆，我想和他們分享的資訊，又是多麼自然就脫口而出，我覺得我在這個群體中非常重要，並且也能以充滿信心的正面方式，回答他們的所有問題。

前茂盛樹叢學院（Blooming Grove Academy）院長、認證正向教養講師
迪娜．安舍（Dina Emser）

全球教學現場案例分享

美國亞特蘭大

我每天的精彩時刻之一，就是早上站在教室門口，和每個學生進行短暫的對話。善意是會擴散的，對給予者和接受者雙方都有好處。不管對話內容是有關昨晚的棒球比賽、學生愛吃的午餐菜色、新的耳環或髮型，或只是一個簡單的微笑，都能讓我們獲得歸屬感，而不只是同班同學與教師的關係。

歡迎儀式不僅能促進彼此之間的對話與溝通，學生也能藉此注意到其他同學身上的細節，這些細節在採用正向教養前，很有可能都遭到忽略。我們的早晨由彼此間的鼓勵、點頭以及同理展開。對教師來說，能夠看到學生獲得歸屬感，並且整天都處於這樣的狀態中，實在是件非常振奮的事。

美國亞特蘭大聖猶達天主教學校（St. Jude the Apostle Catholic School）
一年級教師，佩蒂．史波（Patty Spall）

實用小技巧

一、教師可以在教室門口以「早安」歡迎每個學生。

二、教師同時也能加上握手或擊掌等動作。

三、如果教師注意到某些特別的細節，例如學生換了髮型，或是他們臉上帶著微笑，一定要讓學生知道你注意到了。

四、教師也可以將晨間的問候，當成班級的日常事務，讓學生輪流負責，可以讓學生站在教師旁邊一起問候其他同學。

五、除了問候外，教師也可以讓學生在放學時輪流問候同學，例如互道再見等。

相關研究

奧代（Allday）和帕庫拉（Pakurar）檢視了教師的問候對學生行為產生的影響。[36]在這項研究中，參與研究的教師站在教室門口，運用正面的語言問候每個學生。研究者沒有提供特定的腳本，但教師必須讓學生體會到師生的互動出於真誠，教師也可自行調整問候的內容。研究結果顯示，問候使學生的專心程度，由百分之四十五上升至百分之七十二，也就是說，教師如果想要改善學生的專心程度，透過問候這個簡單的小動作就能達成。[37]

馬札諾（Marzano）夫妻的研究則顯示，教師的舉動對學生學業成就的影響，超過課程、評量、教育領導及社群參與。此外，其他研究也指出，教師和學生關係的品質，是班級經營的關鍵。

特殊時光

對孩童發展最好的刺激，就是提供對他來說看似不可能，實則可能達成的經驗。

——德瑞克斯

身為學校的諮商師，凱莉每周在每個班級都有三十分鐘的時間，而從原本的老師離開教室，到凱莉進來上課以前，有一段過渡時間，學生常常會需要某些規範和慣例來維持秩序，對年紀較小的學生而言更是如此。在一個幼兒園班級中，這段過渡時間對凱莉來說更為艱難，因為學生才剛從遊樂場回來。不過，即便只是花點時間和學生建立連結，對情況也有不少幫助，凱莉首先找出幾名在休息時間後比較難靜下來或是經常過度興奮的學生，再利用其他人掛衣服、回到

我請你坐在講桌的右前方，不是因為你需要特別關照，而是因為會影響風水。

座位的時間，和這些學生簡短地打個招呼。

其中一個學生特別不想回到教室，因為他總會想著剛才的足球比賽，而且常常從他的觀點，抱怨剛剛的比賽中不公平的地方。凱莉發現，只要花點時間用眼神接觸歡迎他，並用簡短的幾句話認同他的感受，就能幫助他靜下心來。和這位學生建立連結後，他就會覺得自己獲得傾聽，同時也更容易專注在接下來的課堂小組活動中。而在之後的腦力激盪時間，這名學生總是能提出最棒的意見，只要花上幾秒鐘的特別時間，就能改變一切。

許多教師都發現，不管在放學後或其他時間，只要特別撥出一些時間給學生，即便在談話中沒有提到問題行為，也能讓學生覺得受到鼓勵，並停止他們的問題行為。

雖然「建立連結」是正向教養中最重要的一項基本原則，但其實並不會花上太多時間，也就是因為這個緣故，才使得「建立連結」如此常用。而且，建立連結也可幫助學生獲得歸屬感與價值感的關鍵。

研究顯示，影響學生成功最重要的一項因素，就是學生在學校中連結的程度。[38]美國疾病管制與預防中心指出，光是學生認為教師在乎他們，就是一項重要的保護因素。其他研究也發現，只要學生在學校中獲得歸屬感，就會降低高風險行為發生的機率。另外，在學校中獲得歸屬感和價值感的學生，也會擁有較高的學業成績、考試表現及出席率。這些研究顯示，建立連結本身就具有糾正的效果。

教師可以運用點名單，確保每個學生都獲得自己與老師之間的「特殊時光」。和學生進行特別談話後，就在姓名欄位旁打上一個勾。

第二章曾提到羅伯・拉斯穆森（Robert Rasmussen）這位中學教師，他在美國鹽湖城的中學任教，負責教授四個班級的歷史課。他為了要測試「特殊時光」這個正向教養工具是否有效，決定進行一個實驗：在他任教的四個班級中，他在其中兩個班級的所有學生身上，都採用了這項原則；而第三個班級中，只有一半的學生採用，最後一個班級則是完全不採用。

拉斯老師在教室後方擺了兩張桌子，其他學生在座位上做作業時，他就找一名學生到教室後面談話，每次為期五分鐘。而在這段特殊時光中，他會問學生一些問題，例如「你平常的興趣或嗜好是什麼？」或是「你有任何問題嗎？還是需要什麼幫忙呢？」他會把學生的回答記錄下來，給予學生簡短的回饋或必要的幫助。

雖然拉斯老師花了好幾個禮拜，才和兩個班級中的所有學生談話完畢，但他一個學生都沒有漏掉。之後他比較這兩個有實施特殊時光的班級，以及完全沒有的班級，發現了顯著的差異，特別是在小組合作以及班級情感融洽的程度這兩個部分。有趣的是，即便拉斯完全沒有跟學生解釋他的實驗，第三個班級中剩下一半沒有獲得特別時間的學生，都跑來問他「什麼時候才會輪到我？」

特殊時光不一定需要事前籌畫，下方的案例分享，就展示了在學生有需求時，隨時使用特殊時光，也一樣有用。教師花時間和學生一對一談話，不僅能夠建立彼此間的信任與連結，學生也能因此了解，教師的目的不是要懲罰他，而是要幫助他學習。

全球教學現場案例分享

埃及開羅

在我的十年級班級中，有一位非常愛講話的學生，他寫作業需要花更多時間，還相當容易分心。有天大家在做作業時，他因為被同桌的同學干擾，所以也開始干擾其他人。根據班級守則，我同時運用口頭勸導與肢體訊號來幫助他重新專心，但在發現這些方法都沒用後，我決定試試積極暫停區。不過，當我請他移動到另一張安靜的桌子，以便讓我和他一起做作業，並重新引導他的注意力時，他卻拒絕移動。他甚至站起身來，試圖用手勢挑戰我，還高聲對我說這不公平，他不想要移動，他繼續瞪著我，直到我不再看著他，他才回去繼續做作業。

這時我發現，由於這名學生不願意妥協，我們陷入了權力爭奪之中，我決定該由我來結束權力爭奪，所以就放手一搏。

我花了幾分鐘決定該怎麼辦，之後為了降低干擾，我悄悄問那桌的其他兩名學生願不願意移到另一桌，他們答應了。之後我以友善的方式詢問那名學生，願不願意在下課後和我談談，不過我在課堂中沒有繼續強迫他，於是那堂課剩下的時間，他都自己一個人安靜地做著作業。

下課後，我找到他，並以詢問他的感受開啟這段對話，我問他為什麼這麼火大，他說因為我請他到積極暫停區，所以他覺得被「針對」了。我發現他對積極暫停區這個方法好像缺乏信任，而且存有某些誤解，他認為這是個懲罰，而不是讓他重新專注在課堂中的方法。我試著認同他的感受，並向他承認我的錯誤，我不應該直接命令他換座位，而是應該詢問他，他覺得到積極暫停區對他會不會有幫助。

這段談話以我們彼此的共識結束，我們約定了一些我會用來讓他注意的口頭及肢體訊號，同時也同意他能自己決定要不要去積極暫停區。在這段對話之後，他不但再也沒有出現之前的干擾行為，還能注意到我運用的口頭及肢體訊號，提醒他注意自己可能出現的問題行為。另一次他甚至承認自己無法一直處於專心的狀態，並自願前往積極暫停區。

綠洲國際學校（Oasis International School）十年級教師

哈巴．哈夫尼（Heba Hefni）

全球教學現場案例分享

美國芝加哥

和中學生建立連結，本來就不是件容易的事，特別是在你要負責一百五十位學生時，更是難上加難。不過，仍然是有可能成功的！我對自己的期許是盡快記住所有學生的名字，和有關他們的一些瑣事。第一天上課時，我會請學生填寫一張表格，內容包括他們的興趣，他們也會在自我介紹時分享和自身有關的資訊。我知道有些教師也會進行類似的活動，但之後就不會再利用這些資訊。我把這些表格放在一個資料夾中，並且簡略記下對建立連結可能會有幫助的資訊，例如某些學生加入運動校隊或是學術社團等。

隨著學期過去，特別時間在正式及非正式場合都會發生。上課前我會站在教室門口歡迎每位學生，除了練習記住他們的名字，我也試著讓自己想起他們在表格中填寫的興趣，或是簡單聊聊他們在學校參加的活動。如果我在門口沒有和某些學生互動到，我也至少會讓自己在鐘響時或是課堂活動中，盡量和這些學生個別互動。如此一來，所有學生每天都會和我進行某種互動，如果因為某些原因沒辦法達成，我會在下次看到他們進教室時補上。另外，我之前在指導實習老師時，也曾目睹學生挑戰實習老師的權威，之後我請那位學生和我單獨到外面走走，但我並沒有提起他剛剛的行為，而是和他聊聊學校的生活以及他的興趣。學生回到教室後，剛才的行為就不再出現，他只是需要負面情緒的出口，而我們共享的特殊時光，給了他這個機會。

雖然我現在已經不教中學生了，而是在大學任教，但我發現，因為我依然花時間和每個學生正式討論他們未來的職涯選擇和各自的興趣，所以我現在教的大學學生，同樣也非常積極參與，並和我共享某種連結。不管是在中學或是大學階段，只要學生獲得歸屬感，就會變得更積極，而我從特別時間中得到的學生資訊，也會影響學生的參與程度，因為這樣我就可以在上課時，提供和他們興趣相關的範例，或是設計相關活動。

阿德勒大學（Adler University）博士候選人，莎拉・摩斯（Sarah Moses）

實用小技巧

一、教師可以邀請學生一起吃午餐，或在其他時間一起用餐，同時還可以運用點名表，確保所有學生都擁有這樣的機會。

二、在特殊時光中，學生也相當喜歡聆聽教師分享自身的興趣。

三、教師只要發現學生有需求，隨時都能使用特殊時光。另外，教師也可以在和較難處理的學生建立連結時，使用特殊時光間這項方法。

相關研究

多年來針對學生依賴程度的研究，都指明了學生對歸屬感與連結的基本需求。[39]班級經營相關研究則指出，教師透過個別互動，例如和學生一對一的特別時間等，和學生建立關係的重要性。其他研究也顯示，只要教師花時間和學生建立關係，就能降低問題行為發生的機率，並提高學生的學業成績。[40]除此之外，和學生擁有高品質關係的教師，相關的管教問題也會大幅減少。[41]麥康斯（McCombs）和惠斯勒（Whisler）的研究則指出，學生非常喜歡教師對他們的關注。[42]即便和所有學生都進行深入互動非常困難，教師仍可以在不佔用太多時間的情況下，運用一些簡單的方法，和學生建立關係，例如在午餐時間和學生個別談話、對學生的課外活動發表意見、及鼓勵學生等。

認同感受

因為每個孩子都是獨一無二的，所以教師必須對每位學生的感受都非常敏感，這樣才能知道要在什麼時候，以什麼樣的方式鼓勵他們。

——德瑞克斯

沮喪的學生容易產生問題行為，但他們需要的不是懲罰，而是鼓勵。對教師來說，鼓勵學生的最佳方法之一就是傾聽，直到教師能夠理解學生的觀點，進而認同他們的感受。

如果教師用心傾聽，或是注意觀察，大概都能猜到學生心裡的感受，如同德瑞克斯所說，猜錯沒有關係，因為學生會讓教師知道他們有沒有猜對，這同時也提供了教師更多幫助學生的資訊。

另外，如果教師以真誠的方式和學生分享，而不是指控他們，那麼學生也非常樂於了解教師自身

我的老師和電腦今天都當機了

的感受。「你讓我覺得很糟。」這類的指控無濟於事，不僅會激發學生的防禦心，而且本身也是錯誤的指控：學生無法「使得」教師感受到任何事，他們只是觸發了教師的開關，進而使教師體驗從過往的錯誤信念增生的想法或感受。

因此，只要教師改變錯誤信念，就能改變自身的感受。當教師發現學生產生問題行為，只要記得：學生的行為是挫折的表現，那麼教師就能以不同的情緒和行動回應。這時教師就是在同理「我記得類似的事發生在我身上時，我有多麼難受。」

教師認同學生的感受，並分享自身的感受，除了有助於建立連結，也能讓學生覺得自己受到理解，進而更有意願合作。認同感受是個非常有效的方法，能夠幫助教師和學生建立連結，而這些連結同時也擁有糾正的功用。

全球教學現場案例分享　美國加州

五歲的艾伯特相當具有侵略性，不僅到處干擾同學，對老師也抱持挑釁的態度。他不肯好好坐著，一定要四處亂撞，如果他不想做某件事，他就會躲在桌子底下不出來，還會直接跑出教室。有一次艾伯特甚至跑出校園，校長還必須在後面追他。他在休息時間會一直大哭，並且不斷在地上打滾。老師和負責管理遊樂場的職員會威脅他，如果他再不起來，又一直繼續哭鬧的話，就要把他送去校長室，因此他常常到校長室報到。

有天我在遊樂場觀察到這個情況，其他學生都到別的地方玩了，於是我問其他老師，我能不能和艾伯特聊聊，因為他還躺在地上大哭，我只好跪下來靠近他，然後問他：「艾伯特，你現在好像真的很難過呢。」難過是艾伯特表現沮喪的方式。

他點點頭。

我接著說：「你想繼續在這邊難過，還是和我到輔導室去呢？」

他沒有回答，但慢慢冷靜下來。我又說：「看樣子你好像想在這邊繼續難過，那也沒關係，你還想要在地上難過多久呢？一分鐘嗎？還是五分鐘？」

他停止哭泣，我等待著。

幾十秒後，艾伯特終於從地上站起來，臉上帶著笑容：「我難過完了，現在要去玩耍了。」接著他朝遊樂場跑去。

諮商師、認證正向教養講師，露易絲．英格寶（Lois Ingber）

全球教學現場案例分享

埃及開羅

我是五年級的教師，班上共有二十五名學生，我在課堂中運用了許多正向教養的方法，特別是用在其中一名學生身上，他常常會說阿拉伯文干擾課堂進行，目的是要逗同學笑。因為我教的是法文，而且我聽不懂阿拉伯文，所以這對我來說非常困擾。

為了解決問題，我決定在一次個別晤談中，和這位學生分享我的感受，這樣他就能理解，他的行為是如何替我帶來困擾，同時我也請他自己思考，為什麼要干擾課堂進行。接著我邀請他和我一起找出解決方法，他提出了兩個想法：他試著克制，不要再逗其他同學笑，另外他還建議，如果無法遵守我們達成的共識，那他應該自己一個人坐，這樣就不會受到其他朋友影響。

之後我發現，他改進的速度非常快，雖然有時候還是要提醒他一下，但他根本不需要自己坐。在這樣的改變後，我找了個時間告訴他，我非常欣賞他的改變，並鼓勵他繼續努力，他非常自豪，同時我也能看出，他在課堂上更自在了。上述的問題解決方法非常成功，特別是所有事情都是在平靜中解決，沒有產生任何爭執。這也為我帶來幫助，因為這樣我上課時就不會一直受到干擾。

綠洲國際學校（Oasis International School）五年級教師

皮耶．蘇德（Pierre Sudre）

實用小技巧

一、透過猜測學生的感受，教師可以學會同理。

二、教師可以說出自己的猜測，例如「看起來你現在非常生氣」或是「你現在是不是很難過？」

三、如果學生回答不是，教師可以繼續猜測其他可能性。

四、教師必須非常真誠：「我非常在乎你，如果你想聊聊，我也很樂意知道發生了什麼事。」

五、教師可以運用自身的直覺來決定接下來該怎麼辦，例如提供學生選擇，或是問問自己跟學生該怎麼做才能解決問題，有時候直覺也會告訴教師專心傾聽，並認同學生的感受。

相關研究

阿德勒對同理心的定義為「用他人的眼睛觀看、用他人的耳朵傾聽、用他人的內心感受。」[43]學者漢娜（Hanna）及基斯（Keys）等人的研究指出，同理心對學生有重要的影響，特別是對較難建立連結的高風險學生和青少年而言。[44]另外，一項在都市學校中進行，從青少年的角度出發，探討學習動機和學業成績的研究也顯示，教師的同理心，在提升學習動機及學業成績上，扮演重要角色。[45]

傾聽學生

鼓勵孩子自己去尋找解答，而不是直接告訴他們。

——德瑞克斯

身為教師的你，是不是抱怨過學生不想聽你的話？現在是時候問問自己：是否也曾用心傾聽學生？你可能曾經犯下以下的傾聽錯誤：

- 過度反應並糾正：「不准那樣跟我說話，你為什麼不能尊重一點？」
- 駁斥：「你不應該那樣覺得，不准難過。」
- 說教：「如果你＿＿＿＿，那就＿＿＿＿」（範例：如果你表現得更友善，那你就會有更多朋友）。

教師應該避免上述的錯誤，這樣才有空間發展下列的傾聽技巧：

- 教師必須用心傾聽，這樣除了能理解學生提供的表面資訊，同時也能理解他們背後想傳達的意思。
- 教師在分享自身的感受與想法之前，必須先認同學生的感受，並理解他們的想法。
- 教師在傾聽時先不要表達意見，只要表示贊同的「嗯」。

學生要先覺得自己受到傾聽，**之後**才會開始傾聽教師的想法，因此只要教師掌握傾聽的藝術，學生也會自然而然耳濡目染。經驗是最好的老師，教師必須練習成為傾聽者，並且親自示範自己想要學生學習的行為。此外，教師也可以教導學生上述的錯誤傾聽與傾聽技巧，並且提供他們角色扮演與練習的機會。

在你繼續抒發情緒之前，先讓我知道：你有沒有發現，我不帶價值判斷，充滿同理心的傾聽著你？

全球教學現場案例分享

美國加州

身為一個採用正向教養的教師，我發現我投注的時間，不只是幫助學生在學業上成長，同時也幫助他們在情緒上成長。仔細思考之後，我漸漸發現，以平等的方式對待學生，要配合學生的不同情況需求。

在一次班會中，我和學生進行了一場有關如何對待他人的對話，過程中看似出現了絕對的指導原則，也就是以自己想要受到對待的方式對待他人。但在我們繼續討論後發現，如果遵照這條原則，根本沒有人會過得快樂，因為大部分的人對於自己該如何受到對待，都有某種特定的期待。我的學生就舉例：「如果我用我自己想受到對待的方式對待別人，我每天都會帶一條蛇來學校跟同學分享，因為爬蟲類是我最愛的動物。」我們最後討論出來：我們應該要先理解別人喜歡什麼樣的對待方式，然後再依照這樣的方式，對待不同的個體。

教師，黛安娜．洛依斯基（Diana Loiewski）

全球教學現場案例分享

美國加州

我在課堂上曾帶過一個活動，請學生按照投影機投射出的影像，繪製美國地圖，但有一名學生卻無法理解，為什麼他和他的朋友們不能用課本上的地圖直接描繪就好。同時，他對於我不知道美國所有州的名稱，也感到非常生氣。下課之後，我和他進行了晤談，討論他為什麼會這麼生氣，而且還拒絕我的指導。

很顯然他根本沒在聽我說話，因此我平靜的把拳頭放在他的頭上然後告訴他：「現在我的腦在你這，我會好好聽你說。」我們用這個動作來表示彼此都有專心聽對方說話，我把全部的注意力都放在他身上，重覆他說過的話，並且確保我真的明白他的意思。

接著我直視他的眼睛，輕輕的把他的拳頭放到我頭上，然後告訴他：「你覺得沮喪，是因為我不讓你使用課本上的地圖，而且我竟然不知道所有州的名稱，我感到很抱歉，我真的不知道所有州的名稱，我需要看書才知道，我也和你一樣正在學習。不知道所有州的名稱，這件事也讓我覺得很難過，對不起。」我向他解釋，這堂課的用意，是要教導全班跟著他們老師的指示進行。

他聽完之後一掃先前的陰霾，回答我：「說的也是，你只是助教，不是老師。」

這樣的解釋對他來說非常合理，我們談完之後，他就冷靜了下來，甚至還跟我道歉，當學生受到傾聽後，就能用心傾聽他人。

四、五年級特殊教育助理，傑奇．費里曼（Jackie Freedman）

實用小技巧

一、教師可以注意自己有多麼經常以防禦心、解釋或是建議打斷學生發言。

二、教師應該避免給學生建議，要對學生有信心，因為他們有能傾聽的耳朵，要相信他們能夠解決問題。

三、教師可以利用詢問的方式，引導學生深入思考，例如「你可以給我個範例嗎？」「還有別的嗎？」重覆提問，直到學生表示沒有要補充了。

四、在更深層的層面上，教師也可以問問自己，你在學生的言談中，有沒有發現行為背後的信念？

五、教師在傾聽完學生的想法之後，可以接著問學生，他們的問題是不是可以在班會上讓大家一起討論，以便獲得更多幫助，尊重學生的選擇。（可以參見下個小節的「啟發式提問：動機型」及「啟發式提問：對話型」，以及第六章的「不反擊學生頂嘴」）

相關研究

研究顯示，傾聽對於師生之間建立互相尊重的關係，有非常大的影響。拉德森——比林斯（Ladson-Billings）在研究中曾經請八年級學生分享他們對老師的看法，[46]描述他們老師的優點。學生的回答顯示了教師傾聽的重要性，以及傾聽對師生關係的影響——傾聽同時也會影響學生的學習。有名學生表示：「我們的老師願意傾聽我們！她尊重我們！她讓我們表達自己的想法！和我們講話時也會直視我們的眼睛！她還會對我們微笑！在穿堂或餐廳遇到我們時，也會和我們打招呼！」學生在研究中的回答，不僅凸顯了傾聽這門藝術的重要性，也展示了在傾聽過程中，教師運用口語之外的元素，進行溝通的重要性。[47]

啟發式提問：動機型

凡是對方無法馬上自發性地接受，而是需要由外強加的權力，都是虛假的權力。真正的權力與教養，是發自內心。

——阿德勒

本節要介紹的啟發式提問，目的在於引起動機。而下一節中的啟發式提問，目的為促進對話。兩者不相同。動機型的啟發式提問，就是使用簡短的問題引起學生的動機，這相當有用，因為教師會以尊重的方式詢問學生問題，這些問題則會促使學生思考，進而決定自已想要怎麼做。

本節一開頭的引言，阿德勒說的那段話，完美闡釋了有關動機的心理學觀點。如果有人命令你，

請參考一下：你的命令伎倆已經不管用了，因為我已經放學了！

你會有什麼感受？又會採取什麼行動？你會覺得受到尊重嗎？你會願意合作嗎？或是你會覺得厭惡？反之，如果有人以尊重的方式問你問題，你會有什麼感受？又會採取什麼行動？你會不會想要思考一下，甚至考慮合作呢？

事實上，阿德勒說的那段話，除了在心理學外，在生理學上也很有道理，因為當我們受到別人命令時，身體總會不由自主變得僵硬，可能只有一點點，也可能非常嚴重，這時傳到大腦的訊息是「拒絕」。然而，要是有人以尊重的方式詢問我們，身體就會放鬆，這時候傳到大腦的訊息則是「尋找答案」。在尋找答案的過程中，我們會覺得自己具有能力，同時獲得歸屬感，並且更有意願合作。如果有人以尊重的方式詢問教師，教師本身可能也會更有意願合作，學生當然也適用這個道理。引起動機的啟發式提問，能夠從內而外改變學生。

教師可以開始觀察自己命令學生，而非詢問學生的頻率。老師可以在每次發現自己正在命令學生時，就往存錢筒裡丟幾枚銅板，然後想想要花多少時間，存錢筒裡的金額才足夠讓你去度假？當教師發現自己正在命令學生時，可以思考如何把這些命令轉換成帶著尊重的問題，並讓學生獲得足夠的尊重，進而願意合作。

請注意：本節介紹的方法是「啟發式」提問，而不是「命令式」提問，有些教師發現他們的啟發式提問沒有發揮功用時，會非常失望。然而，我們在本書一再強調的重點就是，沒有一種方法保證每次都會有效，因為每個學生都是獨一無二的，這也就是為什麼，我們需要各種不同的工具。以下提供幾個啟發式提問為什麼沒辦法發揮功用的原因。

一、學生可能缺乏足夠的訓練，因此無法理解教師對他們的期望，也不知道如何達成。

二、教師在糾正之前，沒有先花時間和學生建立連結。教師可以運用「認同感受」來建立連結：「我知道你很生氣，你要怎樣才能冷靜下來，並試著找出解決方法呢？」

三、教師的語調可能隱含命令的語氣，而不是以尊重的方式邀請學生。

引起動機的啟發式提問通常很簡短，但卻能夠促使學生運用他們自身的能力尋找答案，而不是在受到命令時反抗。下方的案例分享與實用小技巧中，有些不錯的例子。

全球教學現場案例分享

美國喬治亞州

學生們常在休息時間到遊樂場玩耍，然而有幾個學生總是晚進教室，因為他們上課鐘響後還在繼續踢球或玩耍。於是我告訴他們：「我注意到其他同學都在門邊準備進教室了，只有你們還在足球場上。」

他們回答：「呃，老師，還好啦。」

通常這種情況發生時，我會陷入權力爭奪，叫他們快點進教室，不要廢話那麼多，但這次我卻回答：「你們覺得該怎麼做，才能準時進教室呢？」

於是他們在快下課時先聚集到足球場的邊緣，上課鐘響時，他們就趕快跑向教室，正好準時抵達。能讓學生自己做決定，並且看到他們做出很棒的決定，我覺得非常高興。

另外，我也注意到了學生在數學課上的轉變，他們之前常常沒有任何討論只是坐著等待課堂開始，但今天學生上課前不但在交談和準備，還有個學生在課堂開始前問其他人：「大家準備好上課了嗎？大家都有帶講義嗎？」

三葉草中學（Cloverleaf School）教師，艾麗絲．阿博切特（Elise Albrecht）

全球教學現場案例分享

美國亞特蘭大

我的數學課班上有個學生，常常不願動筆寫作業，所以我必須一直不厭其煩地告訴他：「來吧，快點開始做作業，只剩二十分鐘就要下課了。」

不過，透過調整我使用的語言，從命令語句變成詢問語句，我的學生漸漸開始改變，現在我會問他：「你在接下來的二十分鐘，計畫要怎麼完成今天的課堂作業呢？」或是

「你需要我怎麼幫你？」

起初他用困惑的眼神看著我，好像我是什麼怪物，但他很快理解，他現在有機會可以決定自己的行為了。這個改變開啟了對話的契機，我們討論了該如何才能在課堂中專心，而他現在也開始和學校的諮商師練習一些幫助專心的技巧。

當諮商師請他思考，為什麼他無法完成作業時，這名學生終於承認，他也很想完成作業，但他總是會放空，或一直想到放學之後的其他活動。雖然他表面上看起來可能非常懶惰，或是總是想要挑戰老師，但這名學生真正的問題，其實是他總是沒辦法專心。

豪爾中學（Howard School）數學科領導教師、教學碩士，
布萊恩．史考梅克（Bryan Schomaker）

實用小技巧

一、引起動機的啟發式提問通常相當簡短，並能促使學生尋找答案。

二、教師應該避免使用會引起抗拒及反抗的命令，而是應該以尊重的方式詢問學生，這樣能讓學生感覺自己具備能力，進而願意合作，例如：

• 你計畫要如何在下課前完成今天的作業呢？
• 你覺得需要帶什麼，才能讓你在下課時去到外頭也不會冷？
• 你和你的朋友可以怎麼一起解決這個問題呢？
• 你還記得我們在班會中有決定過，面對這樣的情況該怎麼做呢？
• 你計畫要怎麼在放學前把書桌整理好？

三、教師也可參見下一節的「啟發式提問：對話型」。

相關研究

席格（Siegel）與布萊森（Bryson）在他們的研究中，建議教師在衝突發生時，為了避免陷入權力爭奪，應該採用詢問的方式，而不是命令。[48]詢問會促進積極的問題解決，而神經科學方面的研究則顯示，命令會激發生理上的壓力反應，進而產生類似反抗或退縮的行為。研究者描述了詢問是如何激發掌管選擇及計畫的「上層腦」活動，而命令則是會促使掌管反應的「下層腦」活動。希格與拜森認為，人們如果運用「上層腦」思考，就能降低壓力與情緒反應。

啟發式提問：對話型

用他人的眼睛觀看、用他人的耳朵傾聽、用他人的內心感受，這就是所謂的『社會情懷』一詞，我所能接受的定義。

——阿德勒

英文中「教育」（Education）一字的字根，來自拉丁文中，意為「引發」。教師常常試圖透過命令，把指令強行塞給學生，然後又納悶著，自己的諄諄教誨，學生為什麼總是左耳進右耳出。事實上，當教師運用命令時，學生會全身僵硬，這時傳到大腦的訊息是「拒絕」。不過，如果換成以真誠的好奇心詢問，就能讓學生的身體放鬆，並向大腦傳遞「尋找答案」的訊息。促進對話的啟發式提問，能夠幫助學生發展

小傑克變得這麼愛爭論，或許是因為他已經被逼到角落，沒有其他選擇了。

阿德勒在上述引言中提到的「社會情懷」，因為學生覺得自己受到尊重。

比起上一節中動機型啟發式提問，本節提到的對話型啟發式提問，可能要花費更多時間。因為教師要做的，不只是請學生為簡單的任務尋找解決方法，例如「你該怎麼做才能按時完成作業？」這個方法的目的顧名思義，是要促進對話。

在教師開始使用啟發式提問前，有一點非常重要，那就是確保雙方都有時間先冷靜下來，接著找個安靜的地方，教師可以和學生坐在一起，用心傾聽學生對你的回應。

下方的「實用小技巧」提供了一些現成的啟發式提問，但這只是一些非常基本的範例，教師在實際運用時，應該避免照本宣科，這樣才能真誠地提出問題，並且視學生不同的情況調整。

全球教學現場案例分享　美國緬因州

四歲半的史蒂芬和同學相處得不太好，他很容易沮喪，接著就會開始打人。有天在晨間課堂中，老師發現史蒂芬大哭，旁邊是散落一地的拼圖。助理告訴老師，因為史蒂芬先打珍奈特，所以珍奈特破壞了史蒂芬的拼圖。

老師：史蒂芬，你看起來非常難過，發生什麼事了嗎？

史蒂芬：珍奈特破壞了我的拼圖，我花了一整個早上才拼好！

老師：我能理解你為什麼這麼難過，因為你花了很多心力，珍奈特為什麼會破壞你的拼圖呢？

史蒂芬：呃，因為我打她，但她一直想命令我。

老師：所以你很生氣，就打了她？

史蒂芬：沒錯。

老師：後來呢？

史蒂芬：後來她就破壞了我的拼圖。

老師：從這次事件中，你有學到什麼嗎？

史蒂芬：或許我一開始不該打她。

老師：珍奈特看起來也很難過，你覺得你該做什麼，才能讓她感覺好點呢？

史蒂芬：我可以跟她道歉。

老師：需要我和你一起去嗎？

史蒂芬：沒關係，我自己可以。

這個故事中我們可以注意到，教師命令學生道歉，和學生自己決定道歉，這兩者之間的差別，後者的道歉是真誠的。史蒂芬先是為了自己能解決問題感到自豪，並且試圖修復錯誤，然後自己獲得「我要去道歉」的結論——雖然教師的啟發式提問也有幫助。

認證正向教養講師、教育碩士
達馬里史科塔蒙特梭利學園（Damariscotta Montessori）園長
奇普．迪羅倫佐（Chip DeLorenzo）

全球教學現場案例分享

美國加州

我的九年級英語課在這三個禮拜以來，建立了一個慣例：在閱讀練習、討論並為一篇短篇故事畫出情節發展後，我請學生試著做做看文章分析，他們至少必需寫出三段分析，我也提供他們評量標準及範文，每篇範文也會經由全班討論。

不過，有個名叫湯瑪斯的學生，卻連續三周都只交出一段分析。於是我私下請湯瑪斯在禮拜四放學後和我聊聊，談談他的作業，以下是我們的對話：

老師：湯瑪斯，你最近過得如何啊？

學生：呃…嗯…還可以吧。

老師：你知道我為什麼想跟你聊聊嗎？

學生：是因為我的成績嗎？
老師：我們來看看你交的作業。
湯瑪斯打開資料夾翻了翻，找到這堂課的作業。
老師：你對作業的內容和格式清楚嗎？
學生：我不知道。
老師：那你記不記得有拿到一張講義，上面寫了作業的內容、格式、和評分標準？
學生：有。
老師：你能把那張講義拿出來嗎？
湯瑪斯拿出那張講義，我陪他一起檢視上面的要求。
學生：天啊，我好像沒有按照格式。
老師：那你現在要怎麼辦？
學生：老師，我可不可以重寫這些作業，然後下禮拜三前再交給妳？

在先前的班會中，學生們就決定他們想要擁有更多學習機會，以便掌握更多技巧，範圍包括每周的作業、小考、考試等。於是我們決定他們可以不斷修改作業，直到覺得滿意為止，這是運用「從錯誤中學習」的方法。同時我們也約定好，等到十月底再討論看看這個方法是不是有效，直到目前為止，成效都還不錯。透過正向教養方法，我的學生覺得自己具備能力，同時也獲得不錯的成績，班級的成績分布也從常見的鐘型曲線，變成J型曲線，成績拿A的學生比拿B的還多，拿B的又比拿C的還多，沒有人的學習進度落後。

教師、認證正向教養講師，黛安娜．洛依斯基（Diana Loiewski）

實用小技巧

一、學生只有在被傾聽後，才會開始聽老師的話。

二、教師應該停止「命令」，並多多運用啟發式提問，例如以下提供的範例，不過，在運用這些範例時，應該視個別情境調整：

- 發生什麼事了？
- 你感覺怎麼樣？
- 你覺得其他人會有什麼感受？
- 你有什麼辦法可以解決這個問題？

三、教師也可參見前一個小節的「啟發式提問：動機型」。

相關研究

丹尼爾·席格教授（Daniel Siegel）認為，比起可能激發學生壓力與情緒反應的「命令」，「詢問」更能促進積極的問題解決。在他和布萊森（Bryson）的研究中，解釋了詢問是如何激發掌管選擇及計畫的「上層腦」活動，而命令則是會促使掌管反應的「下層腦」活動。他們同時也認為，人們如果運用「上層腦」思考，就能降低壓力與情緒反應。[49]

另一名神經科學家朱蒂·威利斯（Judy Willis），則是進一步解釋了壓力和情緒如何影響學習，並為實務操作提供了建議。她原本是神經科醫師，執業二十年後，對學習的認知機制產生興趣，因而決定成為一名教師，自此之後，便開始運用自身的研究，幫助其他教育者理解如何促進學生學習。威利斯進行的神經成像研究顯示，壓力和焦慮會對學習帶來負面影響，同時也支持推動學生中心學習的重要性，教師應該幫助學生在學校中獲得歸屬感與價值感。[50]

席格和布萊森的研究結果指出，當學生出於自身的動機學習，而不是受到來自外部的壓力逼迫，那麼他們的記憶力和學業成績都會提升。此外，威利斯的神經成像研究也顯示，充滿壓力的情境，對學生的記憶力和學習能力，都會帶來負面影響。

第四章

班級經營

班級會議

孩子從彼此身上學到的，比從教師身上學到的還多。

——德瑞克斯

身為教師，你是否曾經在學生身上注意到一個現象，也就是即便學生不聽老師的話，卻會聽彼此的話。在班會上，我們常會聽到學生們彼此說了些話，這些話平常換作是老師來說，絕對是左耳進右耳出，例如「如果你作弊，就沒辦法真正學會」或「如果你沒有運動家精神，就沒人會想跟你玩」等等。學生們如果是從教師口中聽到這些話，便會認為這是說教，並且自動忽略；然而，如果是從同學的口中說出，學生們就會覺得是不錯的建議。

許多教師都發現，舉辦班會能夠減輕他們的壓力，因為開班會可以讓每個學生都具備問題解決能力。學生在學校的時候，還可以練習

我們圍成一圈，然後開始講話，接下來問題就解決了。

他們在班會中學到的各種社會情感技能，同時營造融洽的班級氛圍。

和學習技巧相同，學生不可能一夕之間就學會這些社會情感技能，只有透過不斷練習，才能真正學會並記住這些技巧，這個道理不僅適用在班會中學到的技巧上，課堂中的學習技巧亦然。

先前說過，本書作者簡在小學擔任諮商師，剛開始學習、指導其他教師如何舉辦班會時，她都會告訴教師要準備好迎接「一個月的混亂」，因為學生需要時間才能學會成功舉辦班會所需的技巧。然而，我們後來發現，如果教師在舉行班會、讓學生實際解決問題前，先花時間教導學生「成功班會的八大技能」，那麼就不需要度過「一個月的混亂」了。這八大技能我們在《跟阿德勒學正向教養：教師篇》一書中也曾提過，分別是：[51]

一、以快速、安靜、安全的方式圍成一圈坐好。
二、練習致謝和感激。
三、尊重差異。
四、使用尊重的溝通技巧。
五、專注於解決方案。
六、角色扮演和腦力激盪。

七、使用班會議程表。

八、理解並運用錯誤目的偵查線索表。

雖然有些學生可以在幾天內就學會這八項技巧，但其他學生卻可能要花上一周或更久。總之，學生在學習舉行班會的重要技巧時，也同時是在學習社會情感技能——例如尊重自己及他人、傾聽彼此、在問題解決過程中一同腦力激盪、思考和判斷、負責任、透過把錯誤當成學習機會培養抗壓性，以及其他各種美好生活所需的品格和生活技能等。

有位特教老師覺得班會的議程表應該沒用，因為他的學生在發脾氣的時候，通常都需要「立即」的幫助。然而他還是決定試試看。他告訴我們，看著他的某些學生在休息時間後，滿臉怒氣地走進教室，其實頗為有趣：他們會走向當天議程表放置的地方，在上面寫下名字，然後在回座位的過程中，他們就會變得比較冷靜。在議程表寫下名字這個動作，就是他們的「立即」幫助，因為學生們知道，每天的班會開始後，自己很快就能獲得幫助，所以這個簽到的步驟，能夠幫助他們冷靜下來。

每天固定舉行班會，以及每周固定舉行家庭聚會的好處顯而易見。每當學界有相關研究證明我們的理念時，我們會相當興奮，但我們更高興的，卻是聽到教師和我們分享，學生透過參與班會學會這些技巧後，他們從中獲得的好處與喜悅。

全球教學現場案例分享

美國喬治亞州

我們在班會中針對學生在課堂中的干擾，例如製造噪音、隨便發表意見等，一同進行了腦力激盪。其中一名學生表示：「我知道我也會有這些行為，但實在很難停止！」

雖然這些情況還是常常發生，不過，我有注意到，學生們對彼此越來越有耐心，他們更常跟吵鬧的同學說「請你停止」，而不是直接叫他「閉嘴」。

班會能為學生帶來這樣的成長，真是出乎我意料之外。學生們現在會用多一點同理心，來對待其他同學缺乏專注的問題。

三葉草中學（Cloverleaf School）教師，艾麗絲．阿博切特（Elise Albrecht）

全球教學現場案例分享

美國加州

今天班會只花了五分鐘就結束了！我其實有點擔心，因為議程上沒有任何事項需要討論，這個情況已經持續兩個禮拜了，我問了學生，他們告訴我，他們現在已經可以自己處理所有事，而且通常也可以處理好。

真是太棒了！得知他們能夠真心接受我教給他們的技巧，並在生活中實際運用，實在是件非常美好的事。

卡登學院（Carden Academy）三年級教師、認證正向教養講師
喬伊．賽科（Joy Sacco）

全球教學現場案例分享

南韓

我從二〇〇三年起擔任公立小學教師。原本六年級的學生總是讓我頭痛，後來有同事推薦我看《跟阿德勒學正向教養：教師篇》。讀完之後，我便理解為什麼我會拿他們沒轍：我太溫和了，因為我覺得這樣能夠讓我看起來像所謂的好老師，能在同事、學生、家長間擁有好名聲。然而身為教師，我應該要溫和且堅定才對，我應該多思考要怎樣才能增進學生的責任感與尊重，使他們能夠獨立。

讀完《跟阿德勒學正向教養：教師篇》，並參加正向教養相關的工作坊後，我開始試著改變我的想法與思維模式。第一個改變就是開始和學生建立真正的連結，每天花時間和學生建立連結後，學生們也開始接受我溫和且堅定的糾正。

同時，我也開始試著在每天早上都舉行班會，班會的議程包括圍圈、彼此致謝、合作活動、擁抱等。我們會在八點四十分開始圍圈，全班一起坐在地板上，和學生一起坐下後，我覺得相當平靜，和他們共享某種連結。相較之下，以前我總是站在教室前方上課，學生們則坐在座位上。圍圈成為慣例之後，我不僅發現班級氛圍有了奇蹟般的變化，我自己身為教師的態度也有所改變。

一開始學生對於彼此致謝感到很害羞，後來就漸漸開始願意主動致謝其他同學，看著融洽的班級氣氛慢慢成形，我覺得非常驚訝。在我的班級中沒有責備，也沒有霸凌，取而代之的是教師幫助學生解決問題並建立信心。在畢業典禮上，有個學生告訴我：「我現在都很期待從教師和朋友口中，聽見感謝我的話語，所以每次朋友叫我名字時，我都會非常興奮。」

其實，不僅在我們學校，而是在整個韓國文化中，都充滿了競爭意識。因此我特別為學生設計了合作活動，以便發展他們的社交技巧，並努力在糾正他們前，先和他們建立連結，我們都非常享受一同度過的歡樂時光。

另外，我們也會以擁抱結束班會，我深知擁抱的力量，因為我曾在家長課帶領過擁抱活動，現在我每天都會擁抱我的學生，這讓一切都變得不一樣了，因為我們屬於一個共同的團體。

當我回顧先前的班會經驗時，我發現我們特別的班會時間，不僅改變了學生，也改變了我自己。

貞賢小學（音譯，Johyeon Elementary School）教師、認證正向教養講師
金成奐（音譯，Seonghwan Kim）

全球教學現場案例分享

美國加州

上星期六，我參加了以前學生的婚禮，並在婚禮上遇見許多我之前教過的學生，其中有位女孩告訴我，她在我的課堂上留下了許多美好回憶，而且至今和許多同學都還是好朋友，她還跟我說：「這麼多年來，我們的人生都有高低起伏，但我們從以前舉辦的班會中，學到了如何解決問題，我真的很高興曾經擁有妳這樣的老師。」聽完之後我非常感動，同時也很慶幸我曾經學過有關舉行班會的各種技巧。這名和我說話的女孩，以及我曾教過的另一名學生，現在都已經擁有博士學位。

女孩說的話在我的腦中揮之不去，所以嘛，這麼多年來，我就是靠著正向教養與班會的幫助，才能成功教導一群又一群五歲小孩。

全球教學現場案例分享

厄瓜多

退休教師，柯琳．彼得森（Colleen Petersen）

每周舉行三次的班會上，我們先以彼此致謝開場。開班會可以讓學生們覺得自己受到重視，並且因為自身的優點與成就受到肯定。接著，我們會重新檢視先前採用的問題解決方法，並和學生確認狀況，看看這些方法是不是真的有效。如果大家先前想到的方法沒辦法解決問題，學生就會再度腦力激盪，找出更多方法。再來我們會按照議程，討論我們目前面臨的問題，並注重在問題解決上，學生會積極討論，並且決定他們要先採用哪個方法。班會最後，我們則是會一同討論未來的計畫。

正向教養除了使我的學生具備問題解決的能力，同時營造更為正向友善的學習環境外，也能幫助他們發展正面的品格，這些品格不僅能讓他們在目前的學習與社交上獲得成功，在日後的人生中也受用無窮。

四年級教師，傑瑞米．麥西斯（Jeremy Mathis）

全球教學現場案例分享

美國西雅圖

大約兩個禮拜前，五年級的學生開始帶傻瓜黏土（Silly Putty）來學校上課，他們說是為了讓手上有事做，這樣才不會無聊。但到了這周，傻瓜黏土開始造成問題，因為學生以錯誤的方式運用這項玩具，所以老師請他們把黏土擺到架子上「暫停」一下。但是黏土卻消失了，而這造成女學生莉姿頗大的困擾，因為她存了很久的錢，好不容易才買到黏土。

於是學生們在周二舉辦了班會，在班會中他們討論了犯錯這件事，以及要承認自己是小偷會有多麼難受，因此他們後來想出的辦法，就是請偷走黏土的人自己放回去。然而，還是什麼事都沒有發生。

接著，主要的嫌疑犯克萊，意外在櫥櫃中「找到」了黏土，雖然他否認自己是小偷，但其他同學都很懷疑他的說法，不過，老師依然明白告訴大家，沒有人會在缺少證據的情況下受到責備。

周三早上舉辦班會之前，學生們正在進行小組活動，這時克萊突然脫口而出：「好啦，黏土是我偷的！」

並不是所有學生都聽見了克萊的話，但莉姿聽到了，她接著詢問老師，能不能私下和克萊聊聊，不要有任何大人在場。獲得允許之後，他們兩人走到另一間空教室說話。

那時候我正好到教室巡堂，老師把我拉到一旁，解釋他的擔憂，他告訴我事情的來龍去脈，並表示莉姿和克萊正在隔壁說話，他不知道他們什麼時候才會回來上課。糟糕的不僅如此，班會議程中再次出現克萊的名字，老師覺得在早上的事件發生之後，再度在班會討論克萊的問題，感覺不太妥當，我認為這是很靈敏的直覺，所以我建議他們今天先不要討論議程，只要進行致謝的部分就好。

班會開始時，莉姿和克萊剛好回來，並在圓圈中找到位子坐下，主席開始今天的班會，並決定今天的鼓勵方式是「一對一」，而且不能跳過。前兩個學生發言時，克萊顯得坐立難安，接著輪到他發言，克萊坐挺身子，向莉姿道謝，因為她願意當他的朋友，並聽他說話。

之後又過了四個學生，然後換莉姿向克萊道謝，她覺得克萊是個很棒的朋友，願意聽她說話。中間隔了兩個學生後，接著換詹姆斯致謝克萊，他也認為克萊是個好朋友，而正是詹姆斯把克萊的名字放進班會議程中。再來又有一名學生鼓勵克萊：「克萊，你是個很好的朋友，我信任你。」克萊現在不再蜷縮著，淚水沿著臉頰滑落。

根據我們的致謝規則，學生可以主動要求致謝他人，甚至能指定致謝特定的同學。下個學生選擇克萊成為他致謝的對象，接著又有更多人致謝克萊，最後一個致謝來自一名男孩，他說：「克萊，我覺得你很棒，因為你能大方顯示自己的情緒，不管是開心還是不高興。」班會結束後，有名學生驚訝地大叫：「克萊今天總共收到九個致謝！」這只是個大約二十五名學生的班級，沒有任何大人叫他們這樣做，也沒有大人評論他們的行為，但事情就是這麼發生了。

老師接著提醒學生，每個人都會經歷挫折，而且也都會面臨挑戰，他告訴學生們，他覺得他們又一次成功克服了艱鉅的挑戰，他相當驕傲。另外也向他們解釋，今天尚未完成的問題解決部分，會留到下次班會進行，之後這次的班會就以歡樂的韻律活動結束。

班會結束之後，我和老師進行了討論，我們對學生今天的表現都非常驚訝，老師把今天的班會當成重要的班級轉折，一部分是因為同學歡迎克萊回來的方式，也因為今天的重覆致謝活動，竟然是由詹姆斯發起，詹姆斯和克萊幾乎整年都處得不太好，同時也因為克萊和莉姿所展現的勇氣。

由於他們的老師曾經教過關於錯誤、差異、致謝等概念，為他們建立了良好的基礎，學生們才有能力做到如此團結。

認證正向教養導師，喬蒂．麥克維蒂（Jody McVittie）

實用小技巧

一、教師可以安排每日班會。

二、教師可以將班會議程擺在學生隨手可得的明顯位置，這樣只要學生遇到問題，就能馬上記錄下來，並在班會時間討論。或者教師也可以提供學生選擇：「你們覺得把這件事放進班會議程會有幫助嗎？還是我們應該運用選擇輪來解決這個問題？」

三、年紀較小的學生，教師可以在特定時間，請他們把今天學到的事物記錄下來，例如下課前幾分鐘。

四、每次都以致謝展開班會。

五、可以針對議程中的討論事項進行腦力激盪，並把結果記錄下來。

六、教師可以請積極參與的同學，負責選擇可行的解決方案。

七、教師在一周後的班會中，可以繼續追蹤事情發展，看看解決方案是否有用。

相關研究

對於學生在學校內獲得歸屬感，班會可以說是最重要的辦法。研究顯示，學生在學校中獲得歸屬感，除了能增進學業成績外，也能使他們在社交和情緒上獲得成功。[52]利奇曼（Leachman）和維克多（Victor）的研究顯示，班會能夠幫助學生發展責任感、同理心、以及自我動機。[53]愛德華（Edwards）及穆里斯（Mullis）則在研究中解釋了班會帶來的好處與成功。確切來說，班會可以增進學生之間的關係、歸屬感、有效溝通、及問題解決技巧、並營造充滿正向、關懷、合作的學習環境。[54]另外，都市地區的教師在一項針對班會功效的質性研究中，提供了下列的評論，這些評論顯示班會能夠透過認同學生的感受，預防可能發生的問題，進而減少衝突與爭執產生。[55]

「學生開始達成教師的期望，並且學會重視自己的價值。」

「我們的團體現在更為正向、也更有凝聚力，同時出席率也提升了。」

「班會能夠預先發現問題，以免問題一發不可收拾。」

「大家現在都變得更能包容彼此，彼此間的連結也逐漸建立。」

「我發現上課時，不用再花很多時間處理與課堂無關的狀況，現在學生們通常都能夠等到班會再討論這些問題。」

班級守則

放任，代表著忽略秩序。

——德瑞克斯

教師在制定班級守則與規定時，若能讓學生參與，就可幫助學生建立歸屬感與連結，並讓他們覺得自己是班級的主人。這對學生來說相當有幫助，因為他們參與了整個過程，就會覺得自己具備能力，並且有動力去為社群貢獻。

在大多數情況下，可以由教師決定該做什麼，並讓學生選擇該怎麼做以及該在什麼時候做。例如教師可以讓學生理解，必須好好對待遊樂場的器材與設施，接著讓他們腦力激盪，決定具體該怎麼做，又該在什麼時間做。

你不能就這樣拍拍屁股走人。

教師可以讓全班學生一同參與建立班級慣例表，包括每天早晨、休息時間、課堂時間等等。晨間的慣例可以包含教室門口的問候、早安詩、準備第一堂課等。有些學校會以例行的班會開啟一天的學習，並搭配致謝，讓學生的一天有個正向的開始。

在下方的案例分享中，教師將和我們分享她的學生如何透過制定共同的班級守則，來創造和諧的班級氣氛，以便讓所有人都獲得歸屬感，並且快樂學習。

全球教學現場案例分享

美國西雅圖

給我來點掌聲吧！

經過了十二天的漫長過程，我很高興現在能夠宣布，我們一起為我們的班級制定了共同守則與期望，包括：

- 安全
- 友善
- 處理學校事務
- 協助彼此學習
- 開心

這一切，都由分享開始。我們先彼此分享能夠讓這個學年變好的方法，蒐集了大約四十項方法後，我們再進行分類，最後歸納出上述五種原則。接著，我們以小組的方式腦力激盪，想想為了要達成上述的五種原則（安全、友善、處理學校事務、協助彼此學習、開心），我們可以說些什麼或做些什麼。再來我們討論並進行修改，並產出了幾項草案，最後我們把草案結合在一起，並且透過簽名正式承認這份共同守則的效力。

接下來一整年，我們都會遵守這份共同守則的內容，這份守則能夠提供我們一個暫停和反思的框架，並且增進我們對周遭世界的察覺，我們也會一直不斷檢視並實踐守則的內容。

我們一同建立了班級慣例，並且也非常享受這個過程，呃，起碼我自己非常享受啦！

安妮皇后小學（Queen Anne Elementary）萊綺（Leckie）老師的學生

全球教學現場案例分享

美國西雅圖

我在午餐後的課堂中，注意到許多學生都說要去上廁所，信不信由你，學生一直舉手，不是為了參與課堂討論，而是為了詢問能不能去上廁所，實在是件煩人的事。同時我也注意到，有時候這個舉動對學生來說，可能也有點丟臉，他們自己也知道自己正在干擾課堂進行，因為他們並不是在回答問題，而是要解決生理需求。

所以我把我的班級廁所守則從「詢問」改成「你已經是個小大人了，所以選擇一個離開教室的好時機，舉起你的廁所通行證，朝我揮一揮，這樣我就知道你要去上廁所，不要忘記該負的責任，上完廁所後，就要馬上回來教室。」

今年到目前為止，沒有任何學生濫用廁所通行證，我的課堂也沒有再受到干擾，學生告訴我他們超愛這個廁所守則，他們還希望其他老師也能採用同樣的方式。

教師、認證正向教養講師，黛安娜．洛依斯基（Diana Loiewski）

實用小技巧

一、教師可以邀請學生，一同建立班級守則清單，例如：

- 友善
- 尊重
- 輪流
- 專注於解決方案

• 避免干擾課堂

二、教師可以將學生分組，每組發給一項守則，讓他們進行角色扮演，演出學生遵守守則或違反守則等不同的情況。

三、如果學生違反班級守則，教師可以指著清單問他：「你知道現在應該遵守哪項守則嗎？」

四、教師可以定期在班會中討論班級守則，以進行回顧及練習。

五、教師可以讓學生輪流主持，例如負責班級事務的慣例等。

相關研究

研究顯示，高效率的教師擁有良好的組織技巧，並且會事先和學生一同建立班級結構與慣例。另外，問題行為通常源於學生不了解班級守則或慣例。史壯（Stronge）在他有關高效率的教師所擁有的特質，以及最佳教育實踐的研究中指出，能夠在制定與維護班級守則和慣例時，讓學生積極參與的教師，不僅在班級經營上更有效率，同時也能提供高品質的教學。[56]

致謝

我們可以發揮的是長處，而非弱點。

——德瑞克斯

給予致謝及接受致謝，是一項需要經過教導與練習的藝術，特別是因為致謝和讚美不同。致謝代表你很感激對方，不只因為對方符合你的期望，也因為對方為其他人的安適及環境做出貢獻，或為自身的安適努力。

有時候，教師會覺得學生的問題行為非常難處理，卻忘記了學生的行為只是冰山的表層，背後其實隱藏著挫折。給予這些學生致謝可能非常困難，因此深入探討如何致謝這些學生，可以帶來很大的幫助。教師可以運用先前提過的其他方法，例如第一章提到的錯誤目的表等，來找出不當行為背後的信念，和學生所需要的鼓勵。我們非常喜歡以下這

頻繁有效的溝通是成功班級經營的秘訣之一，這就是我堅持寄給所有學生每日稱讚的原因，雖然郵資很貴，但鼓勵能夠帶來價值十倍的效果。

句常在社群網站出現的話：「認為孩子**行為有問題**，會讓你想懲罰他們。但是如果換個角度，認為孩子在**奮力解決困難的問題**，就能鼓勵你幫助他們度過難關。」[57]

致謝在班會中相當重要，因為致謝不僅能夠帶來正向的班會氣氛，也能建立和諧的班級氣氛。學習如何給予及接受致謝，是項重要的生活能力，除了能幫助學生看見優點，也能讓他們將自己的感謝與欣賞化為言語。

以下的活動叫做「查理」，由學校諮商師蘇珊娜．史密莎（Suzanne Smitha）發想，這個活動能夠幫助學生理解，對其他人惡言相向是件多麼難受的事；而致謝對方，又能帶來多少鼓勵。[58]

一、拿出一張簡單的圖畫，向學生介紹這是查理，他是轉學生，不太受大家歡迎。

二、接著詢問學生，他們覺得以前曾聽過哪些話，查理聽到可能會很受傷，例如「我們討厭你」、「你看起來真好笑」、「我們不想和你一起玩」等。學生每舉出一個負面的例子，就在紙上折一個角，一路往上折，直到紙張摺完，查理也整個消失。

三、再來和學生說明，因為查理聽到很多糟糕的話，所以他現在覺得非常難過。這時學生可能也會覺得很難過，因為他們能夠看見查理受到的實際損害。接著詢問學生，該說什麼才能讓查理心情好一點，查理需要聽到什麼，才能了解他在班上也是重要的一份子？道歉適合嗎？學生每舉出一個正面的例子，就把紙張折回來，直到查理恢復原本的樣子。

四、即使查理還是很皺，問學生：查理現在有什麼地方不一樣？慢慢引導學生，直到他們能夠理解這個活動的意義：不論我們有多努力試著收回惡劣的話語，或是我們的道歉有多真誠，我們的行為或多或少都已經造成傷害。因此，在開口前用心思考非常重要，並且也要盡力確保我們隨時都是以尊重的態度對待他人。

在下方的案例分享中，我們可以發現，上述這項有感染力的活動，可能會為學生帶來長遠的影響。

全球教學現場案例分享

美國紐澤西

雖然在進行「查理」活動時，學生們常會有點緊張，或是覺得很愚蠢，這對這個年齡層的學生來說相當正常，但最後他們仍會牢牢記住這項活動的意義，他們甚至非常喜歡帶領年紀較小的學生進行這項活動。總之，「查理」對學生很有幫助，尤其是在這段時期，言語霸凌在同儕間相當常見。

幾年前，我在一個中學班級進行完「查理」活動後，在穿堂無意間聽到兩名學生在置物櫃旁的對話，我不知道他們先前說了些什麼，但是其中一名學生的回應是「噢，我現在就像剛剛的查理一樣！」

對學生來說，要直接跟同學表明「嘿！這些話讓我很受傷」可能相當困難，但這名學生卻能透過「查理」的比喻，讓另一名學生理解他的感受。

認證正向教養講師，泰瑞莎．拉薩菈（Teresa LaSala）

全球教學現場案例分享

美國維吉尼亞州

上周五，我剛好有機會在一個二年級班級進行「查理」活動，不過，雖然在我第一次摺紙時，大家都倒抽了一口氣，他們接著卻大膽起來，講話開始口無遮攔，並在聽到其他人惡劣的話語後放聲大笑。即便如此，到了接下來的活動階段，要開始安慰查理時，他們還是很快冷靜下來，查理也順利「恢復原狀」。

其中一個常對其他同學口出惡言的小女孩蘇菲，在這時卻說：「可是查理還是皺皺的欸。」蘇菲的發言彷彿某種信號，靠近查理的同學聽見之後，便開始試著撫平查理的雙手及雙腳。接著我問他們：有沒有人覺得自己曾經擁有跟查理相同的感受？想當然爾，大部分的人都點點頭。然後我又問他們，是不是都曾經口出惡言過，大部分的人也跟著點頭，蘇菲甚至承認：「有時候我會對別人口出惡言，是因為我自己也很受傷，所以才想傷害別人。」我盡力以不針對她的方式給她回饋。

接著有個女孩問我，可不可以抱抱查理，我回答她當然可以，其他幾個同學也輪流抱了查理。

這時，一個叫金柏莉的女孩點出重點：「現在查理會皺皺的，是因為我們給他抱抱！」

認證正向教養講師布蘭達．蓋瑞特（Brenda Garret）

全球教學現場案例分享

中國深圳

我協助關老師的班級進行正向教養，班上有個名叫艾文的八歲男孩是大家眼中的「問題學生」。圍圈時他坐在我旁邊，不停動來動去，還一直作鬼臉或出怪聲，但我請他發言時，他要不是沒話想說，就是說話太小聲，沒有半個人聽得見。

之後我們練習稱讚時，有個學生嘲諷艾文說：「謝囉，艾文，我每次看到你作鬼臉，都覺得很開心哦。」輪到艾文發言時，他說他沒有要特別感謝誰，我問他要不要謝謝蘇珊借他鉛筆，他花了一段時間才願意開口，但卻是以呆板的聲調快速講完。

我知道他還不習慣這種互動方式，他覺得很不舒服，也很受傷，因此我拍拍他的肩膀，並肯定他練習說「謝謝」的勇氣。

而到了「查理」活動的前半段，大家都忙著傷害查理，艾文雖然也對查理說了一些惡劣的話，但他卻慢慢開始低頭，接著縮起身子，最後則是把頭整個埋進膝蓋。我非常心疼艾文，因為我知道他在學校跟家裡有多不受尊重。

活動進行到後半段時，大家都在鼓勵查理，艾文也慢慢坐直身子，我只能用「綻放的花朵」來形容當下的他。

活動來到最後階段，「如果你是查理，會對其他同學說什麼？」艾文的眼睛越睜越大，眼神越來越明亮，同時也挺直身子。他說他想發言，然後大聲對全班說：「如果我是查理，我想跟大家說，雖然我有一些缺點，但我仍然是個好人，不要瞧不起我！」

我發現關老師的眼眶盈滿淚水，我自己也差不多，我們都深受艾文感動，同時也為他感到十分驕傲。

全球教學現場案例分享

法國巴黎

認證正向教養導師，甄穎（Elly Zhen）

我的一年級班級中，有個叫約翰的男孩，他有精神病史，每天在學校的表現也都一樣，頭低低的，大力跺腳又大聲尖叫，一副不快樂的樣子。他極度缺乏社交技巧，在學習上也相當遲緩，我甚至懷疑，他在這之前到底有沒有上過學。

約翰的行為持續了幾個禮拜，直到某天圍圈時間的「致謝練習」時段，有個同學為了約翰在排隊時牽他的手而向他道謝，這個舉動對約翰這個傷痕累累的孩子來說，可以說是一種救贖，他露出滿足的笑容，我一眼就能讀到其中的強烈情緒，約翰燦爛的笑容表示「我屬於這裡，我很重要，有人知道我的名字，這顯得我很重要」。這天之後，約翰的問題行為越來越少出現，他也開始愛上學習。

而在昨天班會中的道謝時段，同學們感謝剛才下課時一起玩的對象，而因為先前發言的內容，常常會影響到後面的發言，約翰聽到了同學的感謝，於是看著他的特教助理說：「娜迪亞，謝謝你協助我完成作業，我現在情況比較好了。」

這個舉動顯示特教助理在約翰身上投注的時間、她為了讓約翰理解自身能力而提供他的鼓勵，以及她為了讓約翰完成工作所安排的漸進步驟，約翰都有感受到，約翰也在班會的道謝時段表達了他的感激。這個行為表示約翰在接受其他同學的稱讚後，自己也有能力以非常有意義的方式，表達自身的感激。

公立學校教師，佛蘿倫斯．薩瑪琳（Florence Samarine）

實用小技巧

一、經過練習之後，學生在給予感謝及接受道謝時，就不會那麼害羞。

二、教師可以提醒學生，稱讚要專注在其他人做過的事，以及他們如何幫助他人，而不是其他人擁有的物品，例如穿著等，範例如下：

- 我要謝謝你昨天幫我解數學題目！
- 我要謝謝你在休息時間和我一起玩！
- 我要謝謝你在課業上投注非常多心力！

三、教師要示範致謝，最好的方法就是每天多感謝幾個學生，教師同時也可以作記錄，確保所有學生每周都有收到來自教師的致謝。

相關研究

你知道，光是「指出學生哪邊做對了」，就能改善百分之八十的學生行為嗎？[59]研究指出來自教師和同儕的致謝，會影響學校中的連結以及校園文化。而學校中的連結、歸屬感及校園文化，都是影響學生成功的主要因素，包括社交、情緒、及學業三方面。

在正向教養的情境中，班會提供了「給予感謝」及「接受道謝」的場域。另外，教導學生舉辦班會的重要技巧，也能提供學生機會，學習如何給予及接受真誠的致謝。學生們一開始可能會先稱讚對方的髮型或穿著，但經過正向教養的相關活動後，他們給予的感謝，就會變得更加過程導向，也更具意義，他們能夠學會鼓勵彼此、對其他人的幫助表達感激、對某些事物充滿感恩，例如休息時間精彩的足球賽。

相關研究支持了稱讚帶來的好處，例如波特（Potter）就曾針對班會能否增進學生在學校及家中進行正向互動的能力，作了研究。[60]研究結果指出，學生給予及接受致謝的能力有了改善，同時，透過正向教養方式固定舉辦班會後，學生稱讚彼此的次數以及彼此支持的程度都增加了。波特研究的對象是五年級學生，研究總共為期八周，結束之後，在教師和學生的日記，以及針對家長的調查中都顯示，學生的正向互動技巧有了改善，而以下其他技巧也有進步，包括傾聽、致謝和感思他人、及尊重他人等。

親師生座談會

教育工作者必須相信學生的潛能，同時運用各式的教學藝術，使學生發揮自身的潛能。

——阿德勒

以前舉辦親師生座談的時候，從未曾考慮邀請學生參加。而且有時候親師生座談的氣氛很糟糕，問題行為孩子的家長常會覺得受到老師責備，老師也覺得受到這些家長責備，但學生本人卻只能想像老師和家長談了些什麼，於是所有人都非常沮喪。

另一方面，如果讓這些人全部在一起進行討論，則是提供了不同的觀點與機會，能夠促進「以解決問題為焦點」的對話，討論學生的優勢及面臨的挑戰。只要所有人同心協力解決問題，就會讓學生、家長、教師三方都擁有充滿支持與鼓勵的經驗。

壞消息是，貴公子這學期所有考試都被當。好消息是，錯誤是最好的學習機會。

因此，將學生納入親師生座談會，對所有人來說，都是較為尊重的方式，畢竟學生本人才最了解自身的優勢及自己面臨的挑戰，因而能夠在問題解決的過程中，提供許多幫助。另外，親師生座談會也提供了機會，透過合作，建立學校和家庭之間的連結。對教師來說，親師生座談會能了解學生的家庭背景、價值、期望、規則及慣例等。而對家長來說，則是能從教師的角度及專業學習。學生如果能出席，也能擁有獨特的機會，同時感受來自家長及教師雙方的支持。如果這些在學生人生中扮演重要角色的成人，都能展現他們的熱忱與關心，那麼學生就能獲得鼓勵，成人們也能從中得到安慰。

有本書一開頭就講到一個有趣的故事：鴨子、魚、老鷹、貓頭鷹、松鼠、兔子等不同的動物，來到一所學校上學，學校提供的課程包括跑步、游泳、爬樹、跳遠、飛翔等。[61]當然，每隻動物天生至少都在其中一個領域具有優勢，但在其他的領域就注定沒有辦法。當讀者讀到故事中的動物遭到懲罰，因而感到沮喪的情節時，更是深有同感：因為家長和校方的堅持，這些動物必須在每個領域都有優良的表現，才能順利畢業，成為全能的動物。這本書的一個重點就是「想要邁向成功，只能透過專注在自身的優勢，並妥善管理自身的缺點，而不是試圖消滅這些缺點」。

透過親師生座談會來鼓勵學生，可提供非常重要的幫助，特別是要讓學生妥善管理自身的缺點，並提升自身的優勢。如果教師一直堅持學生必須每科都有頂尖表現，那麼最後學生只會變得相當平庸。有時候教師甚至會透過減少學生花在自身擅長科目的時間，來懲罰學生，希望學生較弱科目的成績能改善。但這非常不合理，因為學生在學習前者的過程中，可能非常開心，而在學習後者時，可能相當沮喪。相較之下，比較妥善的作法，應該是教師讓學生在較弱的科目上，花費足夠的時間，以便獲取穩定進步，並且把大部分的時間，花在提升學生自身的優勢上。

對教師來說，從家長及學生的角度設身處地著想非常重要，尤其是談論到學生的優勢、他們面臨的挑戰或是表現較差的科目。另外，教師也可以使用第二章當中提到的關心原則，來建立一個充滿信任及安全的關係。如此一來，家長及學生也會更願意提供回饋。有些教師會以郵寄明信片問候的方式，開始新的學年；開放教室參觀也是一個不錯的機會，能夠促進家庭和學校間的交流。溫暖又充滿關心的溝通，是尊重及信任的基礎，而運用電子郵件或書面的定期溝通，也能延續這樣的溝通過程，滿足家長的期望。有效的溝通能讓家長在整個學年間，持續獲得資訊，並與學校維持連結，同時也能為有效的親師生座談會打下基礎。

全球教學現場案例分享

美國加州

舉辦親師生座談會是我們學校一貫的傳統，由於我自己也身為家長，我認為親師生座談會對我以及我的兩個女兒來說，在她們就讀小學和中學的這段過程中，都帶來了許多好處。

我們學校由學生負責舉辦親師生座談會，每年舉辦兩次。舉辦之前，學生會針對自己的學習反思，並且準備自己想和家人分享的各科目成果。

親師生座談會由學生帶領，他們會和家長分享他們學到的事、他們對學習的看法、他們的成就、他們犯下的錯誤等，並且為學年剩下的時間設立學習目標。他們也能分享，身旁的大人可以如何幫助他們。

我的兩個女兒都對自己的學習狀況非常清楚，比起其他學生，她們相當清楚自己學到什麼，還有要怎麼做，才能學到她們現在還沒學到的事物。為家長，我能從她們的分享中，清楚得知她們的獨立、自豪、動機，降低了我因為擔心她們的學習而產生的焦慮。

靛藍小學（Indigo Program School）認證正向教養講師
川上凱西（Cathy Kawakami，音譯）

全球教學現場案例分享

美國喬治亞州

親師生座談會的時間到了，家長們來到我的教室，不僅了解自己孩子的學習進度，同時也讓我得知學生的社交、情感及學業發展所需的資訊。

山姆的父母也來了，眼神充滿希望，也有些許不安。我負責教導的學生，在學校的表現都有些掙扎，山姆的情況則是特別嚴重，對他來說，上學不是件容易的事。對一般的學生來說相當簡單的事，卻常讓我們班上有學習障礙、面臨許多挑戰的學生相當羨慕。我的工作有個很重要的部分，就是透過連結、尊重及鼓勵，教導有學習障礙的學生成功的方法。我知道如果我能達成目標，他們的努力及毅力，就能以他們自身無法想像的方式實現。

因此，山姆的家長坐在我面前時，我就知道我必須以真誠及同理心面對他們。山姆剛來到我的班上時，缺乏自信，也沒有學業成就以及歸屬感。對學習方式較為不同的學生而言，教師必須營造重視連結、鼓勵學生努力的學習環境，這樣的環境對學習非常重要。

漸漸地，在一年的課程過後，透過班會、鼓勵、積極問題解決等方式，山姆的情況終於開始改善，我知道他之後一定會越來越好，畢竟他努力又勤奮，同時還擁有合適的教導，所以這是他應得的。

回到親師生座談會，山姆的家長表達了他們對獨生子的希望和期待。當我從教學專業解釋山姆的學習狀況、進步、學習需求等事項時，我能夠看出他們臉上的期待。情況非常明顯，我必須滿足他們對山姆的希望和期待。

在教導山姆的過程中，我的收穫不只是教會他如何閱讀，我也在營造正向教學環境時，和他在情感上有了連結，我能夠理解他是一個多棒的孩子。我和山姆的家長分享了我對山姆未來的想法，他未來的發展和他現在的成長息息相關，寬慰的眼淚從他們的眼中流下，我替他們抽衛生紙時心裡深知，一切都會越來越好的。正向教養的宗旨不僅是接觸及改變學生，同時也能觸動教師、學生的家長、以及其他愛他的人。

一、二年級閱讀教師

實用小技巧

一、教師可以檢視：參加親師生座談會時，是不是所有參加者，包括家長、教師、學生，都充分準備了以下的問題：

- 有什麼事正在朝好的方向進展嗎？
- 該如何鼓勵並支持這類進展？
- 有什麼地方可能需要改善？
- 該如何鼓勵並支持這類改善？

二、教師在親師生座談會中，可以請所有參加者分享他們寫下的東西，並且可以先從學生開始。

相關研究

哈佛家庭研究計畫（Harvard Family Research Project）建議，教師應該和家長建立雙向溝通。[62]這個方法不僅能夠幫助教師和學生的家庭建立尊重及信任的關係，也能讓教師和家長雙方都從彼此身上學習，以便幫助學生。只要讓小學生參與親師生座談會，他們的參與就能產生正面的感受，對學習也有正面影響。另外，家長也能在親師生座談會中，對孩子和教師的關係，有深度的理解。研究指出，無論學生的種族、班級的組成或家長的教育程度為何，家庭的參與程度都和學生的學習呈正相關。[63]

例如馬孔（Marcon）就以七百零八名幼兒園學生為對象，研究家庭參與程度和學生學習的影響，這項研究為期三年。研究中的學生大多來自社經背景較差的非裔美國人家庭，就讀的是全天的公立幼兒園，或是曾參與啟蒙方案（Head Start program）。[64]而家庭的參與程度是由教師依據親師生座談會、家庭訪問、家長擔任志工的時間等項目進行評分，馬孔接著將其和學生的學業成績比較。研究結果指出，家庭的參與程度越高，學生的學業表現就越好，這個現象在男孩身上尤其明顯。

班級工作

絕對不要幫孩子完成他自己能夠完成的事。

——德瑞克斯

許多教師常會便宜行事，替學生完成他們能夠替自己或替別人完成的事，布告欄就是最好的範例。當然，教師製作的布告欄可能會比學生自己做的來得好看許多，不過，如果是由教師製作，學生就少了一個發掘自身能力的機會，也沒辦法為自己擁有的東西感到自豪。我們能向教師保證：比起教師製作的布告欄，學生對於其他同學製作的布告欄，會有更大的興趣。

班級工作讓學生能以有意義的方式，做出定期的貢獻。這些事務能夠促進學生的責任感及彼

如果學生沒辦法好好坐在位子上，那就請他幫你跑腿、收作業、整理書本或是倒垃圾。

此間的尊重，同時，學生為班級貢獻，也能提供他們歸屬感，並覺得自身具備能力。

教師可以讓整個班級一起腦力激盪，想想有什麼班級工作需要完成，建立一份清單，並讓學生自行決定如何輪流負責，這樣就不會有人一直分到沒人想做的工作，有些人則一直負責大家愛做的工作。教師邀請學生一同建立班級工作分配表的過程，就能使他們共享某些事物，同時為學生的歸屬感及貢獻需求，帶來立即的正面影響。

全球教學現場案例分享　美國印第安納州

這學期剛開始我就遭遇到挑戰：有些學生總是想要搶第一個為其他同學開門。我們在班會上討論這個問題，學生們非常積極地尋求解決方法。

經過討論後，大家都同意我們應該有一份名單，寫上有意願當「守門人」的同學，並且讓這些同學每天輪流負責這項工作。學生們把名單貼在門旁，這樣他們就能確認今天輪到誰負責。

這個問題解決方案最棒的部分，就是這完全是由學生自己發想，老師沒有給他們任何意見，如果有人大喊他想當守門人，總是會得到這樣的回答：「我們會照著先前的約定運作，今天不是輪到你，麻煩你看一下名單好嗎？」

橡樹園蒙特梭利學園（Oak Farm Montessori School）認證正向教養導師
娜塔莉亞．費勒斯（Nataliya Fillers）

全球教學現場案例分享

秘魯利馬

讓每個學生覺得自己受到全班以及教師的重視，對我來說非常重要。而正向教養的班級工作方法，則以超乎我預期的效率，幫助我完成這個目標。

首先我要說明，我在一個三年級的班上採用了這個方法，班上有三十五個學生。雖然學生人數眾多，我仍然達成了目標，讓每個學生都各自負責不同的班級工作。工作分配表讓所有學生都感到自己屬於某個群體，在這個群體中，每個人都可以提出問題解決方法，同時受到其他人尊重，也都能夠獲得傾聽與重視，並且自由自在表達意見。

至於我的部分，我放棄了對學生的控制，得到的是他們的參與及合作，現在我和學生間的連結更加密切，彼此之間也更為尊重。我每天都以驚奇的眼光欣賞他們達成的成就，他們也理解，雖然我總是會鼓勵他們，但是他們自己仍是具備足夠的能力完成許多事物。

例如我在帶領活動時，負責計時的同學，會透過手勢讓我知道只剩五分鐘，大概要準備收尾了。另一名負責致謝活動的同學，則會帶領我們一起反思，他會對大家說：「大家可以閉上眼睛一會兒，讓我們想想是誰為全班做了特別的事，或是有沒有人持續進步，大家仔細想想，這樣等下就能向他們道謝。」接下來發生的事讓我相當驚訝，因為同學們真的都隨著剛才的反思，向其他同學道謝：「謝謝你在我難過時鼓勵我」、「謝謝你教我功課」、「謝謝你找我一起玩」、「我發現你非常努力等待輪到自己發言，並且試著不要在過程中干擾其他人。」

從每個學生各自分配到的班級工作，以及在班上不斷獲得傾聽及重視的經驗，這樣替學生帶來了歸屬感，也使得越來越少學生出現問題行為，因為他們已經不需要再依靠問題行為，來獲取關注或讓自己受到重視。

即便如此，這也並不代表從此就沒問題了，不過我們已經學會如何以互助和合作一起解決問題，過程中需要大量的耐心、信心及毅力。如果要改變學生的態度，使用獎懲制度或許會帶來立即的效果，但效果無法長久；相較之下，正向教養的方式，所帶來的絕對是長遠的效果。

三年級教師、認證正向教養講師
珊卓拉．科爾梅娜雷絲（Sandra Colmenares）

全球教學現場案例分享

埃及開羅

在我的十二年級班級中，有個學生態度相當挑釁，他總是在課堂上挑戰我的權威，同時，我也常常不確定他到底會不會完成我交代他的事，因為這都得看他的心情。

面對這個艱困挑戰，我決定詢問同事，請他們幫助我解決問題，在他們腦力激盪後提供的各式方法中，我選擇透過讓這名學生負責在上課前點名，賦予他權力。

這個方法帶來的影響，大大超乎我意料之外，他點名甚至比我還嚴格，常常能注意到鐘響後才進教室的同學，而他自己則從不遲到，總是準時開始點名，而且從不抱怨。我們的權力爭奪就這樣結束了，因為我透過請他幫忙，提供了他獲取歸屬感的方式。「爭奪權力」這項錯誤目的背後所隱藏的訊息「讓我幫忙」，真的幫上了大忙！

綠洲國際學校（Oasis International School）十二年級教師
馬喬里．沃林（Marjorie Vautrin）

實用小技巧

一、讓學生成為自己的幫手，不僅能夠減輕教師的負擔，也能讓學生獲得歸屬感。

二、教師可以透過腦力激盪，為每個學生找出不同的工作，例如澆花、清理削鉛筆機、發講義、整理書櫃、監督遊樂場的設施使用、監督掃地時間、觀察天氣、負責資源回收、負責點名及傳遞辦公室的訊息、以及在早晨負責問候其他學生等。

三、教師還可以為這些工作找個監督者，以便確保工作確實完成。

四、教師可以把工作分配表貼在牆上。

五、教師可以安排學生輪流負責不同的工作，這樣每個人就都有機會接觸不同的工作。

相關研究

在《兒童發展》期刊（Child Development）中，一份由杜萊克（Durlak）及同事進行的研究指出，學生為班級乃至整間學校作出貢獻的重要性。另外，某些實證研究也已經開始將學習和社交及情緒技巧結合，特別是那些在教育領域中可信度最高的實證研究。透過班級工作、小老師或是第五章提到的積極暫停夥伴，提供學生固定的貢獻機會，只是正向教養符合實證研究標準的例證之一。杜萊克的研究還指出了為班級貢獻的其他益處，包括學生的滿足感及歸屬感等，同時，為班級貢獻也能增強學生的動機與參與程度。這份兒童發展期刊的研究，大力支持了阿德勒和德瑞克斯在多年前發現的結果，也就是學生針對歸屬感與價值感的需求，還有以有意義的方式，為班級貢獻的重要性。正向教養的目的，就是要幫助教師實際應用這些在研究中所發現，對學生學習有長遠影響的重要因素。

貢獻他人

唯有讓學生有機會自行負責，才能教導他們責任感。

——德瑞克斯

我們曾聽到許多教師抱怨，家長送來學校的學生越來越自私，使得教學工作越來越困難。這些抱怨可能是真的，但是教師無法改變家長的想法，教師能做的，就是確保學生學會「貢獻」的藝術，這項技能讓學生終生受用。

阿德勒認為，歸屬感是每個人的基本需求，而所謂「社會情懷（Gemeinschaftsgefühl）」，則是衡量心理健康的標準。如同我們在前面的章節所述，社會情懷代表「社會意識、以及為社會貢獻的渴望及意願」。因此，歸屬感和貢獻同樣重要。許多家長在幫助孩子獲得歸屬感上做得非常

我這禮拜分配到的班級工作是整理圖書館，老師說我可以和一個叫杜威十進位的人一起工作？

好，然而，如果沒有同時教導孩子貢獻的重要性，那麼這個平衡就會失衡，只要缺少了貢獻這個要素，孩子就會變得相當自私。

研究顯示，孩子似乎天生就具有貢獻的渴望，沃納肯（Warneken）和湯瑪賽拉（Tomasella）的研究發現，孩子從非常小的年紀開始，就擁有幫助他人的本能。在研究中，一歲半的孩子和他們的母親被安排到一間房間觀看研究人員曬衣服，但研究人員卻不斷弄掉曬衣夾。這些還在學步的孩子，會先觀察幾秒鐘，之後撿起曬衣夾，交給研究人員。[65]在另一個情境中，研究人員則是試著把書放進櫃門緊閉的書櫃，孩子們發現研究人員不斷撞上櫃門幾次之後，就會走到書櫃前幫他把櫃子打開。如果你想要受到孩子的善意融化，可以參考以下的Youtube連結：https://www.youtube.com/watch?v=kfGAen6QiUE。

不過，有很多時候，即便孩子想要貢獻，大人卻不鼓勵他們。兩歲小孩可能會不斷要求「讓我來做！讓我來做！」但是比起花時間鼓勵孩子這種幫忙的渴望，有些大人可能會漠視孩子的努力，自己直接把事情做完。或許大人正在趕時間，也有可能是認為孩子根本不可能把事情「做好」。家長無法了解，這樣的漠視，剝奪了孩子重要的機會，使孩子天生的貢獻渴望無法獲得滿足。因此，對教師來說，在課堂中避免這樣的模式非常重要。

隨著孩子逐漸長大，並且習慣別人幫他們把事情做好，他們就有可能失去天生的貢獻渴望。因為孩子習慣別人幫他們把事情做好，如果有人要求他們替其他人做點事，某些孩子可能會覺得這是種負擔，甚至是種羞辱，同時還會不斷要求別人幫他們做事。換成在學校裡，這樣的孩子也會預期得到他們在家中享有的特殊待遇。

一個人渴望貢獻的程度越高，無論是想對家庭、班級、社群或是自然環境作出貢獻，那麼他的心理整體來說就越健康。貢獻能夠促進歸屬感，並讓人覺得自身俱備能力，因此，大人們不該透過替孩子做太多事，以免剝奪孩子這項天賦。

即便有許多方法可以教導學生貢獻，最廣泛的方式仍是透過班會，只要學生參與問題解決過程，他們就能慢慢學會，如何以有意義的方式為團體作出貢獻。

全球教學現場案例分享

法國巴黎

我採用正向教養的班級，是由一群十五歲的學生組成，當時我正要教導他們了解大腦如何運作以及積極暫停區（見第五章）等概念，但卻有學生不斷聊天，不僅干擾課堂進行，也讓我完全聽不見其他學生說什麼，學生們也一樣。於是我決定尋求學生的幫助，我跟他們說：「我需要你們的協助，你們覺得我們該怎麼做，才能擁有學習的氣氛，並且尊重其他人說話的權利？」他們驚訝地看著我，然後回答：「或許三小時的留校察看吧？」

這所學校非常嚴格，教師常常處罰學生留校察看，我告訴他們因為我不想這麼做，所以我們必須一起腦力激盪，找出別的解決方法。

於是學生們開始思考並提出意見，由一位學生負責決定並傳遞發言棒給想回答的人，我則透過詢問更多問題，幫助他們深入思考。但到了某個時刻，一陣死寂籠罩了整間教室，我才發現我好像問太多問題了，沒有給他們足夠的自主空間。於是我說：「現在是怎麼回事呢？」有個女同學回答：「妳在壓迫我們！」我笑了，然後問他們：「那你們覺得，除了壓迫跟永無止盡的吵雜之外，還有什麼選擇呢？」

有名學生回答：「如果我們在想要發言時舉手呢？」另一個人馬上說：「那不就是所有老師都這樣要求的？」剛剛說我「壓迫」的女孩說：「同學們，如果是由我們決定要舉手，那就代表我們是自由的，如果是老師要求我們，那就是壓迫，我們要選哪一個呢？」

接著又是一陣籠罩教室的死寂，然後學生們全都決定，他們要採用舉手的方式，他們同時也認為，這是自身的自由選擇，沒有受到壓迫。他們總共只花了十分鐘就達成這個結論，因為我邀請他們貢獻意見，那堂課剩下的時間，同學們都彼此尊重，課堂的氣氛也非常不錯。最重要的是，他們學到了很多，他們教會自己什麼是「自由」！

認證正向教養講師，娜汀．高汀（Nadine Gaudin）

全球教學現場案例分享

美國芝加哥

身為家長及正向教養講師，自己的孩子能夠就讀一所同樣採用正向教養的學校，讓我覺得非常幸運。暑假的某一天，校長請我找時間花一小時和新來的副校長分享正向教養的基本原則，我在和副校長約時間時發現，我唯一可以的時段，還是必須要照顧我的兩個孩子，八歲的朱利安和七歲的伊娃，所以我請孩子們陪我一起去。

我的孩子們都了解我的工作，他們會幫忙我一起製作課程所需的教材，也常常會在我製作字卡或活動道具時，先幫我跑過活動流程。因此，他們出席這次會議的方式，並不只是坐在旁邊等大人談話結束。我們邀請他們來分享正向教養在他們班級上實施的不同情況，這樣我和副校長就能從學生的觀點，檢視正向教養這套方法。

朱利安下學期就要升三年級，他解釋了他的老師如何運用舉辦班會來解決問題，伊娃則解釋了「查理」活動的流程，並和副校長分享她為我們家製作的選擇輪。另外，我的孩子們也展示了「啟發式提問」這項活動，過程十分有趣，在回答「學校能夠如何改進？」這個問題時，朱利安表示應該讓代課老師也學習正向教養這套方法，伊娃則是覺得遊樂場需要設置一個積極暫停區。

看著我的孩子和副校長間的對話，我對他們雙方接下來的學期都感到非常興奮，後來副校長傳了電子郵件給我，告訴我她絕對不會忘記「查理」活動，我知道她能夠理解這項活動背後的意義，同時也對她即將共事的新團隊採取的理念，有了更深入的了解。

至於孩子們的部分，看見正向教養在他們的學校生活中發揮功效，同時也能和一個剛認識的大人分享這些事情，並且沒有任何顧慮，我也覺得非常興奮。而身為一名正向教養講師，我則深受這種可能性啟發，也就是將孩子的聲音帶進在教師間推動正向教養的過程。

認證正向教養講師，克莉絲汀．霍維厄斯（Kristin Hovious）

實用小技巧

一、教師可以反思：自己做過的事情中，有哪些是可以由學生自行完成，例如製作布告欄、晨間問候，甚至能讓學生負責教授某些課程等，並且將這些工作分配給學生。

二、教師可以針對學生為了營造正向的教室氣氛，所作出的貢獻，在口頭上感謝他們。

三、盡可能讓學生參與，例如「同學們，我們現在有個干擾課堂進行的問題，我需要你們幫忙解決。」

四、有關提供學生貢獻機會的其他方式，可以參考第四章的班會，以及班級工作。

相關研究

許多以阿德勒理論為基礎的研究，都證實了社會情懷，也就是貢獻的渴望和意願，與學生心理健康的直接關係。[66]不論對成人或是孩童而言，社會興趣和歸屬感都會影響到壓力調適、因應人生重大挑戰的能力以及韌性。

另外，加州大學柏克萊分校（University of California, Berkeley）大好科學中心（Center for Greater Good）的教育處處長也曾寫道：「學校並不需要獎賞友善的行為，因為獎賞會自然而然出現，那就是透過幫助他人得到的溫暖感覺。僅是看見其他人作出預料之外的善行，就能使人們獲得類似的溫暖感覺，這就是知名心理學家強納森．海德特（Jonathan Haidt）……（中略）……所謂的「升華」（elevation）。海德特的研究發現，無論身處何種文化，人們在看見其他人作出充滿勇氣和富有同情心的舉動時，都會受到感動並深受啟發。而這樣的升華情緒，也會促使人們更願意幫助他人，並且努力成為更好的人。」[67]

這段文字顯示目前在學校中，為了友善的行為獎賞學生這個現象，有多麼氾濫，同時也指出，為了發展學生無私的特質，而採用獎賞制度的學校，其實是和研究支持的結果背道而馳。

避免使用獎賞

獎懲制度無法引發內在動機形成，即便看似成功，獎懲制度所引發的內在動機，也只是曇花一現，需要重覆刺激才能維持。

——德瑞克斯

不僅學生們熱愛獎賞，有些教師也會把獎賞視為鼓勵學生的便捷手段，特別是因為獎賞看起來好像真的有用！不過，我們也該停下來好好思考了：學生因為良好的行為與成績受到獎賞時，他們真正學到的是什麼呢？他們是因為發自內心的「內在獎賞」，因此努力獲得好成績，並且學習彼此尊重？還是說，他們學到的是，外在的獎賞非常重要，重點不是他們達成的成就和貢獻？他們努力思考的，會不會其實是如何才能得到更好的獎賞？他們會不會

為了讓我的學生集中注意力，我試了各種方法，包括賄賂、諷刺、罪惡感、羞辱、威脅等，根本沒有一項有用。欸，你有在注意聽我說話嗎？

因為不再想要獎賞，而停止良好的行為，也不再追求優秀的成績？

學生們喜愛的東西，通常對他們沒什麼好處，例如糖分。一點點甜頭不會造成損害，但太多就會造成依賴，也就是上癮。本書先前已介紹過，正向教養是一套「長期有效」的方法。有時候我們必須「留意會發生什麼效果」，特別是在長遠的結果為學生帶來不良影響的狀況下。

教師從前一個「貢獻他人」小節中，可以得知幫助學生獲得歸屬感與貢獻有多麼重要。而獲得歸屬感，並為自己達成的成就或貢獻感到開心，就是所謂的內在獎賞，但這些獎賞卻有可能遭到外在獎賞破壞。

大家都非常喜歡來自其他人的感謝，但是從什麼時候開始，外在的感謝變得比內在的滿足感更為重要？因此，正確的認知能夠幫助我們找到平衡，讓我們在享受外在感謝的同時，仍能保持內在滿足感帶來的喜悅。

全球教學現場案例分享

秘魯利馬

我之前難以想像，世上有一種教養方法，可以不涉及獎懲制度。或許是因為我太過依賴獎懲制度來控制學生的行為，我常告訴學生：如果沒有達到我的期望，會有什麼後果，這樣的制度不僅擁有立即效果，也讓我不用再費心處理學生的問題。

不過，雖然我很懷疑正向教養的效果，我還是決定試試看。在我的實驗結束後，我才發現其實我並不需要控制我的學生，反而可以在班級中建立和諧的氣氛，讓學生專注於問題解決、提出改進的目標，並自行承擔改變的責任。

舉例來說，學生在課堂中常常需要花很多時間才能靜下來，開始進行指定作業。這樣的情況在午餐時間後尤其明顯，因為他們要先把桌面收拾乾淨，才能移動桌椅進行指定作業。但他們在過程中花太多時間了，導致他們沒時間完成作業。

我們在班會中討論了這個問題，學生們想到的解決方案如下：「我們的目標是要減少指定作業的前置準備時間，所以我們可以在午餐時間前，就先把東西收好，並把桌椅擺好。另外，為了嚴格遵守十分鐘的時間限制，我們也可以運用電腦上的計時器來計時。」

讓我驚訝的是，學生真的在休息時間就先進到教室把桌椅排好，我完全不用給他們任何指示。其中一名學生負責計時，他把電腦的計時器投影到螢幕上，讓大家都能看到。十分鐘內，大部分學生都已經坐好，準備開始上課，計時器也重新設定，以便記錄全班準備好的時間。學生們還會催促其他還在遊蕩的同學，隨著情況漸漸改善，他們也不斷突破之前的時間記錄，大家都很開心。

從此以後，我不再懷疑正向教養的功效，同時我也非常讚嘆學生們的進步，他們不再需要大人提醒他們把事做好，因為他們自己就想擁有一個互相尊重的班級。

三年級教師、認證正向教養講師
珊卓拉．科爾梅娜雷絲（Sandra Colmenares）

全球教學現場案例分享

美國加州

我的兒子名叫德克斯特，今年四歲。今天是幼兒園新學期開始的日子，由於他的老師希望能夠促進學生遵守指示、參與課堂、有人際互動等等行為，因此決定在教室放一張貼紙表，只要有人累積到五張貼紙，就可以從獎品箱中拿一個獎品。

第一天德克斯特過得不是很順，但他還是得到了一張貼紙，因為今天是開學第一天。不過第二天他沒得到半張貼紙。而雖然德克斯特第三天和第四天都有得到貼紙，但在接下來的兩天仍然過得不太開心。

每天早上開車載他上學的路途中，我都會告訴他，要怎麼做才能擁有開心的一天，同時也會跟他說「我相信你今天一定會做出很棒的選擇」。

這天他又沒有得到貼紙，於是我問他：「從老師那邊得到貼紙，對你來說很重要嗎？」

他停頓了幾秒，接著直視我的眼睛回答：「呃，對老師來說很重要吧。」

這個故事告訴我們，外在的獎賞對孩子其實沒什麼用，貼紙表對某些學生造成壓力，甚至有些本來很愛上學的學生開始告訴家長，他們不想上學。幸好，老師們發現了貼紙表帶來的壓力，並且決定取消這個措施。

在德克斯特的班上有另一個四歲女生，她在開學第一周每天都得到貼紙，但在第二周她卻開始不聽從老師的指示，也不再對得到貼紙感興趣。她的家長問她為什麼會這樣時，她只是簡單回答：「反正我已經不需要貼紙啦，我已經得到獎品了。」這又是一個活生生的例子，顯示外在獎賞無法鼓勵四歲小孩。

家長，傑佛瑞·賽勒（Jeffery Saylor）

全球教學現場案例分享

厄瓜多

去年因為許多老師都採用獎懲制度，所以我沒有經過太多考慮，就也決定以獎懲制度管理班級。然而，在成為認證正向教養講師後，我才發現獎懲制度的負面影響。

在舉辦班會，並且成功營造互相尊重的班級氛圍後，我們全班一起針對獎懲制度進行了討論，而學生們對獎懲制度的感受，實在讓我大開眼界。

最後，學生們寫了一張非常簡短的便條，來解釋他們的感受，之後全班舉行投票，決定是否要保留獎懲制度，或是捨棄獎懲制度，轉而專注於解決方案，並把錯誤當成學習機會。大多數學生選擇捨棄獎懲制度，我們對這個制度沒有半點留戀，從此之後，班級氣氛變得更為尊重，也不再強調師生之間的權力關係。

國際美洲學院（InterAmerican Academy）四年級教師、認證正向教養講師
傑瑞米．麥西斯（Jeremy Mathis）

實用小技巧

一、獎賞帶來的是外在動機，正向教養注重的則是內在動機。

二、教師可以運用下列方法，幫助學生享受由自身的能力與貢獻帶來的內在獎勵，例如：

- 比起給學生獎品，教師可以透過請學生將他們面臨的挑戰排進班會議程，

讓全班都參與問題解決。

- 尋求協助：「我現在需要你們的幫忙，你們覺得要怎樣才能以互相尊重的方式，解決這個問題？」
- 教師也可以問學生：「你們覺得從現在開始一年後，哪一樣會讓你們感覺更好呢？是外在獎賞嗎？還是為自己達成目標，並為其他人作出貢獻？」

相關研究

科恩（Kohn）的研究指出，包括貼紙、糖果、讚美等獎賞，都會減少學生的內在動機，尤其是那些學生會因此獲得獎賞的重覆性任務。[68]另外，即使教師認為獎賞能夠使學生迅速靜下來學習，他們卻忽略了長期使用獎賞帶來的負面影響。科恩認為，使用獎賞具有一定的風險，因為獎賞不會幫助學生發展內在動機、自信及責任感。[69]費布斯（Fabes）、富爾茲（Fultz）、艾森柏格（Eisenberg）、梅普拉里（May-Plumlee）、及克里斯多佛（Christopher）等人，也進行了有關獎賞的研究，研究結果顯示，獎賞會破壞學生的社交動機，在一系列給予學生自由選擇的測試之中，如果學生曾經因為幫助他人而受到獎賞，學生發自內心針對幫助他人的社交動機就會減弱。[70]

早在一九七〇年代，教育研究就已經指出獎賞對內在動機及學習過程的負面影響。賴伯（Lepper）、格林（Greene）及尼斯貝（Nisbett）的研究發現，即便學生都對繪畫非常有興趣，比起為了獲得獎賞而創作的學生，沒有任何獎賞的學生，在創作同樣的作品時，反倒花上了更多的時間及精力。這項研究顯示，如果獲得獎賞的條件和時間限制有關，那麼獎賞對興趣及動機，就會產生負面的影響。值得注意的是，即便這項研究選定的學生，本身都對繪畫非常有興趣，這樣的現象仍會發生。[71]其實學者在更早的研究中就已發現，獎賞對內在動機會產生負面影響，例如德希（Deci）的研究就指出，把金錢當成大學生的獎賞，會對動機產生負面影響，也就是說，即便是研究者認為，本身就具備足夠動機的大學生，在獎賞介入後，動機也會下降。

加布里諾（Garbarino）則是針對獎賞對人際互動造成的影響，進行了研究，此處的人際互動包含語言及情緒等。在由五六年級學生負責教導低年級學生的小老師分組中，加布里諾發現是否給予學生獎賞，會對學生溝通的方式造成影響。比起沒有獎賞的組別，在獲得獎賞的組別中，高年級的小老師給予低年級學生更為負面的評論。另外，在沒有獎賞的組別中，高年級的小老師則是展現了更為正面的情緒。[72]

而慕勒（Mueller）和德威克（Dweck）的研究則是顯示，就算獎賞是以口頭方式給予，仍會對學生的動機與表現造成負面影響。[73]德威克針對讚美的深度研究，清楚描述了口頭獎賞會如何影響學生的心態：[74]因為自身的努力及成長獲得正面回饋的學生，將會發展出成長心態；而單純獲得讚美的學生，則是會發展出定型心態。擁有定型心態的學生不僅偏好較為簡單的任務，此外也會避免從事較為困難的挑戰。另一方面，擁有成長心態的學生，則是會偏好較為困難的任務，同時即便任務較為困難，這類學生仍能從付出努力解決問題的過程中，獲得正面的內在感受。

第五章

解決衝突

達成協議、貫徹執行

教師成功與否，
大部分取決於能否使班級為共同目標團結。
——德瑞克斯

教師常常會自己決定學生該做什麼、不該做什麼，即使學生完全沒有參與討論過程，教師仍會向學生宣布自己的決定，並且把這當成「共識」。下圖就描繪了一名學生不願接受所謂「行為規範」的情境，因為這些規範都是由教師單方面決定，完全沒有徵詢學生的意見。

這兩篇漫畫都描繪了在未經雙方討論達成共識、只是由某一方片面作出決定的情況下，帶來的反抗。確實，不是由雙方參與討論而達成的共識，充其量只是命令而已，而學生通常不願意接受命令。因此，教師要讓學生誠心接

除非我的律師先看過，不然我不會簽名。

現在我們有共識了嗎？

受，並遵守彼此達成的共識，就必須要讓學生積極參與。

過去確實有過學生排排坐好，乖乖服從教師所有要求的時光，有不少教師可能會非常懷念這些「美好的舊日時光」。然而，這是正確的嗎？這些教師自己願意在權威面前屈服嗎？跟他們要求學生的一樣？還是說，這些教師也想要受到尊重，擁有發問的自由，擁有改變現狀的能力？當學生的自主性遭到教師的權威壓迫時，又怎麼可能學會負責任及問題解決呢？

運用權威的教養方式，對學生的自尊、個人發展及潛能的發揮，都有毀滅性的影響。因此，教師應該注重的，其實是為教室內的所有人建立一個平等尊重的和諧班級氣氛。接下來就來看看我們的成果，雖然我們可能還有許多改進的空間，但至少我們已經開始改變的過程。以下的步驟可以幫助教師以尊重的方式，和所有參與的學生達成共識：

一、教師可以和學生進行友善的討論，在討論過程中，務必確保師生雙方都能表達自身的感受與想法，這樣的討論可以在班會中進行，或是以一對一的方式發生。
二、師生共同腦力激盪解決問題，找出一個大家都同意嘗試的方案。
三、設立達成約定的時限，稍後將詳述這個步驟的重要之處。

四、如果學生沒有遵守約定，教師可以提醒他們：「我們的約定是什麼呢？」如果教師以友善的語氣詢問，學生通常會覺得受到鼓勵，進而願意遵守約定。如果發現先前達成的約定沒有辦法解決問題，就重覆以上的步驟，可以由討論失敗的原因開始。

如果有特殊需求，教師也可以和學生一對一晤談。和學生單獨相處，表示教師在乎他們。另外，教師在和學生達成約定的過程中，也可以運用啟發式提問來釐清學生的想法。例如「你願意聽聽看我的想法嗎？」或是「你願意聽聽看，其他和你有同樣困擾的同學，是怎麼解決的嗎？」

上述的原則提醒了教師，要培養學生合作、彼此尊重、責任感時，花時間讓學生參與討論，有多麼重要。

全球教學現場案例分享

美國加州

我的分享和兩項正向教養原則有關：透過啟發式提問讓學生達成約定，進而遵守約定。在我任教的學校中，學生們會自己決定每天的行程與活動，包括使用遊樂場設施的情況，而幼兒園學生和一年級生達成的一項約定，就是輪流使用鞦韆的方式。學生們經過討論後決定，如果有人正在盪鞦韆，那麼下個想玩的人，就要站在一段安全距離之外，負責計算盪了幾下，最多只能盪三十下，之後就要換別人玩。

某天在我負責午餐時間的巡視時，有個幼兒園學生跑過來，告訴我有人不遵守盪鞦韆的規定。於是我走向鞦韆，問上面的學生他知不知道大家先前有關輪流盪鞦韆的約定，他說他知道。

所以我問他：「另一個同學有負責數到三十嗎？」

他回答：「有。」

我接著問：「那麼數到三十之後，你應該要做什麼呢？」

他說：「下來換別人玩。」

於是這名學生就從鞦韆上下來，跑到其他地方玩了。

成功了！我要謝謝花時間和學生達成這些約定的老師，你們超棒！這個故事顯示了不是一定要由大人制定規則，如果學生們在達成約定的過程中，表達了自己的意見，那麼他們就更樂意合作。

創新學校（Innovations School）職員、認證正向教養講師

唐娜．內皮爾（Donna Napier）

實用小技巧

一、說到做到，約定一旦達成，就必須遵守。啟發式提問可以為遵守約定提供幫助。

二、重點是要溫和且堅定。

三、「我知道要為自己的選擇承擔後果非常困難，但因為我非常尊重你，所以由你自己負責。」

四、「在我們有時間找出更好的方法之前，就先遵守目前達成的約定吧。」

相關研究

馬札諾（Marzano）在瀏覽超過一百項相關研究後指出，師生關係的品質，是成功班級經營的重要基礎。和學生擁有高品質關係的教師，教養問題發生的頻率減少了百分之三十一。[75]而在發展正向師生關係中，合作這項特質扮演相當重要的角色，馬札諾的研究同時也推薦教師使用小組討論的方式，來和學生達成與班級守則及慣例相關的約定，這樣的方式可以發展小組成員間的向心力，並且促進合作。另外，教師透過和學生一對一晤談，來尋求彼此都能接受的問題解決方式，也能增進學生的合作能力以及問題解決技巧。

了解大腦如何運作

心智和身體是無法分開的，兩者都是個體的一部分，個體可以運用這兩者所有的功能，來達成他為自己設立的任何目標。

——德瑞克斯

你曾經「失控」過，並且做出了後來讓自己後悔的反應嗎？你可能還會自責：「我明明可以做得更好，為什麼我不能等自己冷靜下來，這樣我就能控制自己的行為，並表現得更加理智。」

雖然美國作家馬雅．安傑洛（Maya Angelou）曾說過：「我們懂得更多後，就能做得更好。」但這其實不一定正確，有時候即便我們了解，我們也沒辦法做得更好，這個現象背後有個非常合理的理由。人在沮喪中，行為是受到掌管攻擊、逃跑、僵

我知道有些學生很煩人，不過你得控制自己的情緒，爆發之前先倒數吧。

住等反應的大腦部位所控制。腦神經相關研究指出，當人們處於這種狀態下，理性思考就會消失得無影無蹤。所以除非你是聖人或超人，不論再怎麼為自己的不理性反省或後悔，下次很可能還是會出現相同的結果，成人都如此了，更何況是學生呢？

比起要求學生在行動前運用理性審慎思考，了解了解大腦如何運作，對教師和學生來說或許更為有用。學生可能還是會出現相同的行為，但了解了解大腦如何運作，能夠幫助學生更快從攻擊、逃跑、僵住的狀態中恢復，同時也能幫助自我調節和專注問題解決。

丹尼爾・席格教授（Daniel Siegel）用自己的手掌作示範，完美展示了了解大腦如何運作，從他的解說中，我們可以得知大腦不同部位對刺激的反應。他認為，「在馴服問題前必須先發現問題」，教師和學生除了理解大腦對挑戰和壓力的反應之外，也能同時學習自律來「馴服問題」。教師可以到以下的Youtube連結觀看丹尼爾教授精彩的解說：https://youtu.be/gm9CIJ74Oxw，看完影片後，還可以運用下列的步驟來教導學生大腦如何運作：

一、首先請學生把手拿出來，並且跟著教師做。

二、接著指向手掌靠近手腕處，解釋這個區域代表腦幹，負責掌管攻擊、逃跑、僵住等遭遇壓力或危險時的反應。

三、再來把拇指折進手掌，現在拇指代表中腦，也就是所謂的邊緣系統，負責存放會產生恐懼等負面感受的短期記憶。中腦和腦幹共同運作時，會引起攻擊、逃跑、僵住等反應。

四、之後把所有手指都折進手掌，呈握拳狀，這些手指代表大腦的皮質，而前額葉皮質，也就是拳頭前端手指碰到手掌處，就是負責掌管理性思考與情緒控制的地方。

五、那麼，當我們到達極限「失控」之後，又是怎樣的情況呢？把拇指放在原位，並且不斷開闔其他手指。

六、這代表前額葉皮質失去作用，在這樣的情況下，我們就無法維持理性了。

不論是大人或小孩，都非常樂意理解我們表現攻擊、逃跑、僵住反應時，大腦運作的狀況，因為這能幫助他們明白，為什麼要學習「控制衝動」的策略。由於在教室中要解決問題或衝突的最佳時機，永遠是在冷靜之後，因此我們就需要使用第五章的積極暫停區。積極暫停區並不是把暫停當成懲罰，而是在試圖解決問題之前，幫助學生冷靜下來，學生們也能夠理解為什麼冷靜如此重要。如果學生能夠學會這項重要的生活技巧，也就是「當我花時間冷靜下來之後，就能更清晰地思考，並且找到對所有人都有幫助的解決方法」，那麼在教師及學生都花時間冷靜下來之後，就能以同理心、清晰的洞見以及良好的判斷，來處理當下的情況，而不只是針對外在的刺激做出反應。

全球教學現場案例分享

英國倫敦

我在開學第二周教導了一群十五、六歲的十年級學生們有關了解大腦如何運作以及積極暫停區的概念。沒想到，隔天就需要在課堂中實際運用這些知識。

即便我已經警告過他們幾次，有幾名學生仍然持續干擾課堂進行，我真的快氣炸了，於是我冷靜地告訴學生們，我現在不太開心，所以想請所有人先到教室外面休息五分鐘，因為我真的需要暫停一下。我也用我的手掌向他們解釋，我的情緒到了什麼階段，還有我會怎樣爆發。

學生們看起來有點震驚，因為他們沒想到我會上課上到一半叫他們離開教室，我花了幾分鐘，做了幾個深呼吸，按照英國人的習慣泡了杯茶，才讓自己冷靜下來。

五分鐘後，學生們回到教室，我冷靜地向他們分享了我的感受，以及背後的原因：他們雖然沒有講話，但其他形式的溝通仍會讓我分心，那些不適當的評論也讓我覺得很不受尊重。

某些學生表示他們也擁有和我相同的感受，於是我們針對這些非口語行為的影響，以及花時間思考自己的行為是否尊重整個班級，進行了愉快的討論。

不僅學生的行為有了改善，我也覺得學生開始尊重我，因為我實際應用了我教導他們的知識——即便是成人，在快要達到極限時，也需要暫停一下。

巧的是，那天晚上剛好是返校日，我要和所有家長見面，因此我決定和他們分享一個小活動，讓他們理解孩子們在學校學習的事物。所以我也運用我的手掌，向家長們解釋了了解大腦如何運作，並和他們分享我如何運用這個概念處理那天早上的問題。

家長對自己的小孩在課堂上有干擾秩序的行為，都覺得很驚訝。但家長也很欣慰，因為他們現在知道了師生之間的相處，也類似親子相處，都會出現衝突。同時家長們也很感激，因為現在他們也有方法可以處理家中的親子衝突了。我特別強調在家中以身作則的重要性，而且我認為他們都有聽進去。

即便我已經教了不少年書，正向教養這套方法仍然非常有用，每當我遇到不好處理的學生，我就會想到正向教養方法，並且再次運用這些方法處理問題。

倫敦美國學校十年級教師、認證正向教養講師

喬伊．瑪切斯（Joy Marchese）

實用小技巧

一、教師在處於攻擊、逃跑、僵住的狀態下時，絕對沒辦法好好解決問題。

二、教師可以透過丹尼爾教授的影片，教導學生運用手掌解釋了解大腦如何運作。

三、等待一段時間，直到師生雙方都冷靜下來，並能夠運用理性解決問題。

四、教師可以教導學生冷靜的方法，例如第五章的積極暫停區、在心中數到十、深呼吸、第五章的選擇輪與憤怒選擇輪、或是運用第四章的班會來討論問題等。

相關研究

丹尼爾．席格（Daniel Siegel）透過神經科學，解釋了教師應該理解大腦運作方式的重要性，尤其是了解大腦如何運作和學生的壓力反應有關。[76]研究顯示，學生面臨的壓力和學業成就有直接關係，即便在較年長的學生身上，也出現了這樣的現象。舉例來說，在一項研究中，研究人員故意告訴女大學生，男大學生的數學比較好，結果在後續的數學測驗中，女大學生的表現出現下滑的現象。[77]他同時也認為，教師在進行教學時，必須非常注意自己激發的是學生的「上層腦」或是「下層腦」：前者掌管思考、想像與計畫；後者則負責一些基本的功能，例如強烈的情緒、呼吸、面臨危險時本能產生的攻擊、逃跑、僵住等。

另外，他和布萊森（Bryson）也指出理解腦神經科學的重要性，因為根據相關的研究，在某些情況下，大腦要到青少年晚期才能完全發育。例如查德哈利（Choudhury）、布萊克摩（Blakemore）與查曼（Charman）就曾運用神經成像技術，來研究青少年的大腦發展。[78]他們的研究共有一百一十二位受試者，年齡從八歲到三十六歲不等，受試者會運用電腦進行情緒觀點測驗，同時從自身的觀點以及別人的觀點出發，研究結果顯示，包括執行力、同理心、情緒觀點等特質，在青少年時期仍然持續發展。上述的研究，都對班級經營有相當大的幫助，而正向教養正是要幫助教師運用這些班級經營方法，這些方法都經由研究證實，能夠符合學生的發展、社交、情緒三方面的需求。

選擇輪與憤怒選擇輪

孩子是最好的璞玉，因為他們充滿智慧以及解決問題的天賦，
成人只需要邀請他們就好了。

——德瑞克斯

專注於解決方案是正向教養的一大重點，而教師只需要教導學生一些相關技巧，鼓勵他們練習，那麼學生就能在解決問題上表現得非常棒。此外，教師也不需要同時扮演警察、法官、陪審團或懲罰者的角色，只要以尊重的方式讓學生參與問題解決的過程，學生就會覺得自身充滿能力，進而樂意合作。

選擇輪就是一個有趣又刺激的工具，能夠讓學生學習並練習問題解決技巧。教師可以運用下列的步驟，邀請學生自行製作符合自身需求的選擇輪。

我想不出科展的主題，所以我重新發明了輪子。

一、首先把下方的選擇輪提供給學生當範例，這個選擇輪是由低年級學生所製作。

二、接著在一大張紙上畫上一個大圈圈，也可以請學生來畫，並把圓圈分成若干等份，就像切蛋糕一樣。有些教師可能會運用小張一點的紙，讓每個學生都擁有自己的選擇輪。

三、和學生針對教室內常見的問題進行腦力激盪，尋找問題解決方法，例如爭吵、打架、拒絕輪流、人身攻擊、插隊等。全體達成某種彼此尊重，而且能夠改善問題的

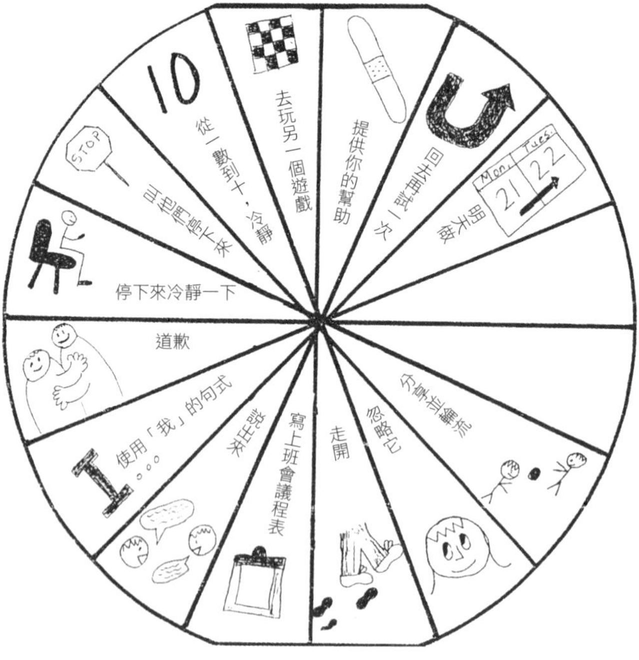

共識後，把這些問題解決方法寫在不同的格子中，並在外圍留下足夠的空間以便加上插圖。

四、請學生為每個方法畫上不同的插圖，教師可以將學生分組，請每一組負責不同的部分。

五、選擇輪完成之後，教師可以詢問有沒有學生自願扮演遇到問題的學生，例如一場因運動器材而生的爭吵。在角色扮演的過程中，請其他學生將完成的選擇輪交給當事者，並邀請當事者從中選擇一個最有幫助的方法。

六、把完成的選擇輪放在所有人都看得見的地方。

七、如果有學生遇到問題，可以詢問：「你覺得從選擇輪上找一個問題解決方法，會不會有幫助呢？」

有些班級的學生可能會擁有各自的選擇輪，就放在桌上，這對問題解決來說相當方便。而有些學校則是會在遊樂場的牆上或是穿堂的布告欄上，永久擺放選擇輪。另外，以下第二則案例分享中，也可以發現有些學生會直接把選擇輪掛在脖子上。學生可以製作一個適用於各式不同情境的選擇輪，製作選擇輪的過程以及各式選擇的視覺呈現，能夠讓學生感到自身充滿能力，同時也能促進合作。

如果教師想要教導學生如何自我情緒調整，也可以學習製作「憤怒選擇輪」。自我情緒調整對學生來說是重要的生活能力，因為這能讓他們學到「隨意發洩情緒無益於改善情況」，更好的方法應該是以其他人能夠接受的方式，表達自己的情緒。教師可以運用下列的活動，協助學生製作憤怒選擇輪，並且透過角色扮演活動來練習相關的技巧。

我終於發現要怎麼阻止學生在遊樂場鬧事了，我禁止他們在下課時間討論政治。

一、教師首先可以邀請學生一起討論：他們在什麼情況下會覺得憤怒，並將他們的想法記錄在海報紙上。

二、接著請學生分享一些不尊重人又有傷害性的表達憤怒方法，也把這些方法記錄下來。

三、和學生一起腦力激盪，思考有什麼合適的方法可以表達憤怒，把這些方法全部記錄下來。

四、請自願的學生製作一個附插畫的憤怒選擇輪，裡面是他們喜歡的方法。

五、教師可以在班會中運用角色扮演活動，讓學生實際運用憤怒選擇輪。

六、把憤怒選擇輪放在教室中顯眼的地方。

七、如果有學生心情不好，可以詢問：「你覺得到憤怒選擇輪上找一個發洩情緒的方法，會不會有幫助呢？」

學生可以在各式不同的挑戰中應用選擇輪。我們曾看過學生運用選擇輪來找出準備考試的方法、冷靜的方式，或是用來解決其他的問題。學生想出問題解決方法後，就會覺得自身充滿能力，另一方面，選擇輪則是透過視覺呈現，讓學生清楚得知他們擁有不同的選擇。

全球教學現場案例分享

美國伊利諾州

在我們學校，不管是幼兒園或中學生，選擇輪都相當受到歡迎，每個班級都會在學年開始時著手製作自己的選擇輪。第一步就是進行腦力激盪，想想自己在接下來的一年中，可能會面臨什麼樣的問題或挑戰，接著開始思考對應的問題解決方法。學生們也常常會運用角色扮演活動，來確認問題解決方法是否是建立在尊重的原則上，以及能否在不傷害任何人的情況下解決問題。

分享完彼此的想法後，學生就能完成他們的選擇輪，上面可以包含四到八種問題解決方法，碰到問題時就可以使用。我們發現選擇輪上的選擇總數和學生的年齡有關：年紀較小的學生可能只會運用二到四種問題解決方法，年紀較大的學生則是非常喜歡製作選項比較多的選擇輪。

不過，一開始採用選擇輪的學生，其實是五到六歲的幼兒園學生。他們採用了這個工具，列出各式各樣的問題解決方法，讓我相當驚訝。另外，在選擇輪上留下一些多餘的空間，以供未來產生的新想法使用，這也是他們的主意。

在我們學校裡，最常發生衝突的地方是公共區域，包括穿堂、圖書館、餐廳、遊樂場等，於是我們請不同的班級負責製作這些公共區域的選擇輪。如果是在戶外區域，那麼我們也會在選擇輪破損後進行更換。我手上還有一些照片，是中學的學生在遊樂場上製作一個巨型選擇輪，這是他們的班級計畫。

我還記得我曾多次在遊樂場上目睹衝突發生，有次我負責監督幼兒園班級活動，有兩個學生跑來找我，互相指責對方。我聽他們抱怨了一會兒，然後對他們兩個說：「我相信你們兩個可以自己解決這件事，你們要不要去選擇輪那邊，挑幾個方法試試看，然後回來告訴我哪個方法有效？」重點是我請他們回來告訴我結果（這就是正向教養的一視同仁原則，見第六章）。

那兩位學生先看著我，然後看著彼此，似乎有點不可置信，他們什麼都沒說，但仍然轉身朝選擇輪掛著的地方走去。他們很快就回來了，這次手牽著手，向我回報他們使用哪個方法解決問題。

選擇輪這項方法不只讓學生有了選擇，更是解救了大人，因為大人常很困擾，覺得孩子需要我們的幫助才能解決問題。但只要運用選擇輪，情況一定會越來越好。

前茂盛樹叢學院（Blooming Grove Academy）院長、認證正向教養導師
迪娜．安舍（Dina Emser）

全球教學現場案例分享

美國佛羅里達州

每年我都會請幼兒園學生製作選擇輪，不過今年在學期中間，我卻發現學生很少使用選擇輪，因此為了激發學生的興趣，我採用進一步的方法。我心裡想的主要是一個四歲男孩，每當我認為他需要使用選擇輪，選擇輪也能為他提供幫助時，他卻總是拒絕我的邀請。

我讓學生用小一點的紙，製作出便於攜帶的迷你選擇輪，再請他們選擇四種自己最喜歡的問題解決方法寫在選擇輪上，並且加上插畫。接著我們在選擇輪上打洞，用線把選擇輪穿起來，這樣就能直接把選擇輪掛在脖子上。

所有學生在製作選擇輪的過程中都很高興，對成品也相當滿意。他們自己動手製作選

擇輪，並且把選擇輪掛在脖子上，讓他們和選擇輪產生了連結，而且出乎我意料之外，這個方法對那位男孩也相當有效。

男孩的母親後來告訴我，男孩把迷你選擇輪帶回家後非常興奮，還和媽媽及祖母分享要怎麼使用選擇輪。媽媽還說，那天晚上發生了一件難以置信的事：男孩和父親為了某件事發生爭執，眼看就要失控，但是男孩不但沒有像往常一樣亂發脾氣，反倒是直接拿起他的選擇輪，並說：「我選擇暫時離開一下。」而他也真的暫時離開了衝突現場！

中央蒙特梭利學園（Center Montessori School），瑟雷哈．哈菲茲（Saleha Hafiz）

實用小技巧

一、教師可以把「選擇輪」與「憤怒選擇輪」擺在教室中顯眼的地方。

二、衝突發生時，教師可以詢問學生，他們想不想要運用選擇輪來尋求彼此尊重的解決方法，或是以其他人能夠接受的妥善方式來表達情緒。

三、提供學生選擇非常有用，例如「你覺得現在要怎麼做才會對你最有幫助？採用選擇輪？或是把這個問題放到班會的討論議程中？」

四、教師也可以參考正向教養英文網站中的選擇輪規劃，其中提供了十四堂教導學生如何運用選擇輪的課程，參見：https://www.positivediscipline.com/teachers

相關研究

研究顯示，有能力可以找到妥善問題解決方法的學生，心理健康的程度也較高。除此之外，研究還發現，出現攻擊性行為的學生，在社交衝突的情境中，比較沒辦法解決問題。[79]而運用選擇輪恰巧能幫助學生發展獨立解決問題的技巧，只要學生了解，自己面臨的問題其實有許多解決方法，就能得到資源豐富的感覺。

一項為期八周的行動研究顯示，運用選擇輪能夠增進學生解決問題的能力，同時降低學生的攻擊行為，包括言語及肢體兩方面。其中針對運用選擇輪前後差異的調查也發現，學生在運用選擇輪後，發展出了積極的問題解決策略。從學生的日記中也可以看出，他們現在可以仔細思考問題，並且找出積極的問題解決方法。而言語衝突發生的頻率也從第一周的二十二次，降低到第八周的四次，教師的觀察筆記則是記錄了學生成功運用選擇輪解決問題。在這項研究中，教師在班會中教導學生的選擇輪課程包括四個部分：道歉、請其他人停止、暫時離開、以及運用「我」句式。[80]

積極暫停：冷靜

為了要讓孩子表現得更好，我們必須先讓他們覺得很糟。這個瘋狂的想法到底是從何而來的呢？

——簡・尼爾森

「積極暫停區」跟「懲罰式暫停」完全不同。積極暫停區是一個特別的空間，由學生親自設計，以便滿足他們冷靜下來的需求。另一個重要的不同之處在於，當學生親自設計自己的積極暫停空間，並且為這個空間命名後，日後他們使用這個空間的原因，不是出於強迫，而是出於自身的選擇，他們在過程中可以學到自律與自我控制。

因此，教師大可以問問學生：「你覺得現在到積極暫停區去，對你會有幫助嗎？」這類的問題，和強迫學生暫時隔離，是完全不同的。另外，提供學生

我可以暫時離開一下嗎？因為我開始感到壓力了。

選擇也非常有幫助，例如「你覺得現在該怎麼做才會對你有最大的幫助？我們的積極暫停區？還是選擇輪呢？」還有，如果學生接受過「積極暫停夥伴」的訓練，並且熟悉安靜傾聽的守則後，教師也可以問當事的學生，是否需要一位積極暫停夥伴的陪伴。

研究顯示，懲罰式暫停之所以無效，是因為這是強迫學生和群體分開，會削弱學生的基本歸屬感需求，這樣的剝奪也可能會引發權力爭奪或是報復。因此，懲罰式暫停帶來的是完全相反的效果：學生不會因此冷靜下來，反倒會越來越生氣，越來越沮喪。

冷靜能夠幫助學生學習如何以更好的方式，控制自己的情緒。許多教師發現，只要學生冷靜下來，即便只是冷靜個幾分鐘，學生就可以重新專注在問題解決之上，或是重新投入先前看似負擔太大的任務中。

因此，花時間教導學生非常重要，這樣他們才能了解積極暫停能帶來什麼樣的幫助。教師可以和學生一起設計積極暫停區，和全班一起腦力激盪，決定積極暫停區的樣貌。如果學生需要幫助，就提供他們範例。例如對年紀較小的學生來說，可以在積極暫停區中擺放軟墊、書籍、絨毛玩具、讓學生聆聽輕柔音樂的播音設備，或是寫有放鬆運動資訊的筆記本等。而對年紀較大的學生，則是可以嘗試細緻一點的裝飾，例如夏威夷風格的積極暫停區，有海灘椅、洋傘、精美的裝飾等；或是簡單一點的，像是一個靠墊以及放滿雜誌與書籍的書架等。由本書作者簡・尼爾森撰寫，並由插畫家比爾・修爾（Bill Schorr）繪圖的書籍《傑瑞的冷靜太空》（Jared's Cool-Out Space，遠流出版），就是一本非常好的參考書籍，教師可以使用這本書教導學生積極暫停區的過程及優點，並且激發學生的創意。

全球教學現場案例分享

美國芝加哥

去年我有機會參加由碧崔斯・薩芭媞（Béatrice Sabaté）為我們學校的教師舉辦的正向教養工作坊。這次工作坊讓我了解，當我在教室中遭遇挑戰，其實有很多可靠的工具可以運用。

其中一個吸引我注意的工具就是「積極暫停區」。聽到這個方法，我馬上想起班上的兩名學生，兩人都缺乏專注。積極暫停區對這兩名學生會有用嗎？他們需要多少時間才能冷靜下來？他們會帶著煥然一新的專注程度，回到教室完成作業嗎？其他學生也能運用積極暫停區嗎？我因為腦中浮現的這些想法而躍躍欲試。

於是有天我向全班說明：我知道有時候要維持長時間專注真的很困難，所以或許我們可以規劃一個小角落，讓大家到那邊休息個幾分鐘。我進一步解釋，這個方法並不是為了某個特定學生，而是要提供給所有人，只要有人有需求，就可以到那邊去休息一陣子。學生們聽了都超愛這個點子！接著每個學生挑了兩個圖案貼在海報上，這張海報會掛在我們的積極暫停區裡，學生挑的圖包含準備投籃的籃球選手、組成愛心的鳥群、熱帶魚、一隻蛇、一隻鯊魚以及其他各式各樣的照片。我們也一起決定這張海報究竟要掛在哪邊，而我們的積極暫停區就這麼完成了！

下一堂課中，我再次解釋了積極暫停區的目的。接下來的整個學年中，只有那兩位無法長時間維持專注的學生，曾經來向我報備要使用積極暫停區，這讓我非常驚訝。而且他們也不會同時使用，通常只會是其中一個人坐在海報旁靜靜休息。看著海報上的圖案，這些學生能夠探索一個充滿想像力的世界，讓他們暫時脫離眼前的課業。不過他們只會在積極暫停區待幾分鐘，接著就會回到其他同學之中，並且開心地參與課堂活動，而其他同學也沒有因為他們的短暫離開受到干擾。

積極暫停區真是個簡單又快速的方法，而且又對所有人都非常有用，每個人都從中得到好處，每件事也都如此正向，簡直是魔術！

芝加哥法國國際學校（Lycée Français de Chicago）

娜塔莉．梅芬雷多（Nathalie Meyfren-Rado）

全球教學現場案例分享

美國加州

為了成為認證正向教養講師，我在加州索拉納海灘（Solana Beach）的蒙特梭利學校服務了一年，運用正向教養原則，幫助學生發展社交及情緒技巧，同時舉辦功能健全的班會。當時我恰巧正在教導學生自律，並在班上運用積極暫停區這項方法，這個班級的學生年齡介於九到十二歲，男女各半。我們在班會上討論要為積極暫停區取什麼名字時，有一半的學生覺得要叫「恐龍藏身處」，另一半則選擇「寂靜海洋」，每次投票的結果都僵持不下，導致我們無法決定。

很明顯我們必須暫停替積極暫停區取名，直到學生能夠妥善運用妥協技巧。經過三次班會後，他們最後決定把積極暫停區取名為「恐龍海洋」，這是一個連恐龍都能冷靜的地方！所有人都對這個名字非常滿意，而且無論性別，當大家需要冷靜時，都可以開心地運用積極暫停區。

認證正向教養講師，茱莉．艾蘭妮賈（Julie Iraninejad）

全球教學現場案例分享

美國印第安納州

每學年開始時，三到六歲的幼兒園學生都會幫助我們一起設計積極暫停區。同時，在每天的班會中，我們也常常會討論積極暫停區的重要性，只要學生覺得需要時間冷靜，或是在解決衝突之前需要沉澱情緒，都可以到積極暫停區休息一下，這個特別的角落，為需要獨處的學生提供了個人空間。

我們也會詢問學生，能不能想到一些使用積極暫停區的規則，因為班上總共有二十名學生，需求其實不少。同時我們也請學生思考，要在積極暫停區放些什麼東西，才能營造寧靜的氛圍，當然我們也會請學生為積極暫停區命名。最後學生們決定在積極暫停區放幾本定期更換的書籍、一面鏡子、有插圖的「感受」卡、以及一個放滿彈珠的籃子。另外，我們的教室本來就有一間兒童尺寸的木製小屋，學生們也決定把這間小屋放在積極暫停區中。最近一個小男生建議在積極暫停區放耳機與播放設備，他覺得偶爾聽聽音樂好像也不錯。

至於積極暫停區的名字？學生們決定把這裡取作「我們的私密特別空間」。

橡樹園蒙特梭利學園（Oak Farm Montessori School）認證正向教養講師

娜塔莉亞．費勒斯（Nataliya Fillers）

全球教學現場案例分享

美國紐約

在我服務的學校中，有某個幼兒園班級在法語課結束，英語課要開始前，常常顯得躁動不安，而且相當吵鬧。英語課的老師進教室後，通常會念他們幾句，提高音量請學生安靜。那天我剛好到那個班級觀察一名正在處理情緒問題的學生，於是我問他們：「這是上英語課該有的樣子嗎？」除了這名學生之外，大部分的學生聽到我說的話，都重新坐好，並安靜下來準備上課。接著我稍微靠近這位學生，小心問他：「你是不是需要更多時間才能準備好上課呢？要不要去閱讀角落冷靜一下？」

所以他就開心地跑到閱讀角落去了。

他讀完第一本書後，課堂正好開始，他跟我抱怨：「我從這裡看不見大家在做什麼！」我回答他：「當然啊，因為你需要一點冷靜時間，但如果你覺得自己準備好加入大家，而且可以乖乖坐好，保持冷靜，那你現在也可以去上課了！」

於是他開開心心地帶著學習熱忱回到課堂中。

學校諮商師、認證正向教養講師，佛羅里安．普格納（Floriane Prugnat）

全球教學現場案例分享

西班牙馬拉加

我們生氣時，中腦的杏仁核會開始作用，大腦的這個區域掌管的是攻擊、逃跑、僵住等反應。而積極暫停的目的，就是要幫助學生冷靜，直到他們掌管理性思考的前額葉皮質恢復作用。

而教師在面對學生有負面情緒時所採取的態度，也就是教師的同理心、溫和、堅定等，對學生來說相當重要，因為這能幫助他們學會自我情緒調節，讓他們得以重新恢復理性，並從問題解決的角度來檢視當下的負面情境。

積極暫停區並不是讓學生在原本的座位上思考一段時間，這個區域是一個分開的空間、一個特別的角落、一段特別的時間，目的是為了幫助學生暫時遠離課堂作業的侵擾，並讓他們放鬆，進而專注在自身心靈與情緒的自然流動上。冷靜下來能夠幫助學生發展思考與反思的能力，只有在冷靜的狀態下思考，學生才能認清自己的責任，並開始尋找問題解決方法。

某天我到一個班級去代課，突然有個學生開始狂敲桌子，辱罵同組的一位女孩，我冷靜的請他和我一起離開教室到穿堂上，因為他已經進入「爬蟲腦」（下層腦）的狀態，似乎進入攻擊或是逃跑的模式。

我告訴他我並不是要懲罰他或責備他，我只是想要請他告訴我，究竟發生什麼事導致他這麼沮喪。

他回答我他不想要閱讀。

於是我問他，到教室角落的積極暫停桌去，對他會不會有幫助，他可以在那邊畫畫或是玩拼圖，而且不用覺得受到強迫，必須去做某件自己不喜歡的事。

他欣然接受我的提議，到積極暫停桌去玩拼圖，拼圖拼好後，他已經完全冷靜下來，重新回到課堂後也沒有再造成任何問題。我還發現剛剛被他辱罵的那個女生，現在也已經冷靜下來，而且也非常願意歡迎他回到小組中。

科因聖母寄宿學校（Residencia Escolar Virgen de la Fuensanta de Coín）
諮商師，瑪卡瑞拉．索托．魯達（Macarena Soto Rueda）

實用小技巧

一、教導學生冷靜技巧相當有用，例如慢慢數數字、深呼吸、甚至一些靜坐技巧等。

二、讓學生了解導致情緒失控的原因，以及冷靜為什麼能夠帶來幫助，對學生相當有用，可參見第五章的了解大腦如何運作。

三、教師不要直接請學生到積極暫停區，而是要用詢問的方式，例如「你覺得去積極暫停區對你來說會有幫助嗎？」提供學生選擇也是不錯的方式，例如「你覺得哪個方式對你來說最有幫助？到積極暫停區去呢？還是使用選擇輪？或者把你遭遇的問題放到班會議程中，這樣就能讓其他同學一起幫你？」

四、讓學生自行決定什麼時候要從積極暫停區離開，並回到課堂中。

相關研究

在加州大學洛杉磯分校正念覺知研究中心（Mindful Awareness Research Center）所進行的腦斷層掃描研究顯示，傳統的懲罰式暫停所帶來的隔離，將會對學生造成負面影響。[81] 隔離對大腦造成的負面影響，跟物理上的傷害相當，例如體罰或虐待造成的傷害等。

艾森柏格（Eisenberger）、利伯曼（Lieberman）、與威廉斯（Williams）在他們的研究中，運用神經成像從大腦化學反應的角度，檢視社會隔離與物理傷害的相似之處。受試者會獨自進行完全隔絕的虛擬拋球遊戲，研究者在遊戲過程中掃描受試者的腦部，並將這些影像和實際經歷物理傷害的案例比較。研究結果顯示，社會隔離和物理傷害擁有類似的神經成像。[82]

這項研究結果，挑戰了某些家長與教師的「將學生隔離在角落會帶來幫助」認知。研究還發現，即便傳統的懲罰式暫停，仍然在某些家長與教師間相當受到推崇，這樣的方式，其實並不能幫助孩童與青少年學會自律及問題解決，也不會產生正面的行為改變。

人類對歸屬感及連結有相當高的需求，有許多研究都指出，讓學生在學校中獲得歸屬感及連結的重要性。[83]而積極暫停區恰好是一項非常有用的方法，能夠幫助學生冷靜，進而促進學生的問題解決，並讓他們能夠適當回應課堂守則。相較於傳統的懲罰式暫停，採用隔離學生的方式，反倒增強學生的壓力與負面情緒，積極暫停區則是透過學生自身的選擇，幫助學生管理自己的情緒。由於積極暫停空間是由學生自行設計，因此選擇前往積極暫停區的學生，在短暫休息，遠離其他人的要求帶來的壓力時，仍能感覺到自己屬於群體。學生冷靜下來之後，便能以積極的態度，再度回到班級之中，並成功和其他同學建立連結。從長期的角度來看，擁有積極機會冷靜下來的學生，之後在尋求對自身與他人帶來幫助的問題解決方法時，通常會表現得較樂意合作。

「我」句式

成人大多對孩子擁有這樣的偏見，也就是認定自己在認真傾聽孩子前，就已經了解他們想說什麼。成人總是忙著說話，導致我們常常無法真正傾聽孩子的想法。

——德瑞克斯

阿德勒非常重視所謂「私人邏輯」的概念：每個人都會使用自身生活經驗累積出的信念，創造出自己的「濾鏡」，然後以獨特的方式認識世界。我們似乎都能接受這樣的說法，但在我們想要責備或是批判某人看待事物的方式時，又常常會忘記這個概念。

無論是成人或學生，都常常為自身的感受怪罪他人，例如「你讓我覺得——。」這麼做其

如果我得穿這樣去上學，那我乾脆穿高跟鞋去算了，這樣其他人就可以直接嘲諷我了。

實並不正確，因為沒有人能強迫其他人產生某種感受，他人可能會邀請你感受，但你永遠可以自行選擇要不要有這種感受。以下這個工具，可以夠教導學生為自身的感受負責，叫做「我」句式。下面是兩個範例：

情境一：亨利插了瑟雷娜的隊，瑟雷娜非常生氣，於是出手推了亨利，亨利也很生氣，便推了回來，他們很快扭打成一團。此時教師介入，把兩人都責備了一番，接著兩人變成開始大聲爭論究竟誰對誰錯。

情境二：亨利插了瑟雷娜的隊，瑟雷娜告訴他：「因為你插隊，我覺得非常生氣，我希望你可以回到你原來的位置。」亨利回答：「抱歉。」然後回到原來的位置。

你可能會想：「呃……這好像有點不切實際，亨利哪可能會因為瑟雷娜告訴他自己的感受，以及她想要的處理方式，就會乖乖道歉然後回到原來的位置？」當然有可能，因為分享「我」句式將會促進合作，而不是反抗。

另一個祕密是學生已經掌握並充分練習「我」句式的訣竅，這可以用下列的公式表示：「我覺得＿＿＿＿＿，因為＿＿＿＿＿，我希望＿＿＿＿＿。」

當人有某種感受，例如生氣，接著在沒有仔細思考自身感受的情況下，就逕自行動，這樣的行為通常會是未經思考的反應。而這樣的反應很容易觸發其他人同樣未經思考的反應，直到彼此之間的互動變成一連串無效、充滿傷害的連鎖反應。未經思考的反應大都牽涉到批判，而且容易造成反擊。

相較之下，在表達自身的感覺之前先停下來，仔細思考自己的感覺究竟是什麼，接著會辨識、表達出這些感覺，來為自己的感覺負責。因此，運用「我」句式並不是批判，而只是一個簡單的陳述，這也不是上述的反應，所以通常也能促進對方為自身的感覺負責，進而帶來正面的行為。

教師和學生分享完上述的例子之後，可以接著請學生製作一張清單，寫上他們認為其他人有什麼行為，會讓他們覺得生氣或憤怒，也就是他們覺得不舒服的行為。這張清單可能包含插隊、八卦、排擠等行為。另外，教師也可以告訴學生，他們在腦力激盪時，可以盡量誇張一點，這樣才能讓過程更有趣。

討論結束之後，教師可以分享如何運用「我」句式：「我覺得＿＿＿＿＿，因為＿＿＿＿＿，我希望＿＿＿＿＿。」例如：「我覺得很受傷，因為你不讓我加入你們一起玩耍，我希望和你們一起玩。」另外，角色扮演活動也有助於練習運用「我」句式，例如先角色扮演霸凌、在飲水機前推人、拒絕幫忙收玩具等情境。教師可以鼓勵學生練習，直到他們能自在地和他人分享自身的感覺與願望。以下的案例分享也有不少例子。

自我情緒調節，也就是為自身的感覺負責，是非常重要的社交及生活技能，而「我」句式成功的關鍵就在於自我情緒調節，學生們似乎也都很享受學習並練習運用這樣的語言。

全球教學現場案例分享

英國倫敦

教導我的十年級學生如何運用「我」句式大約一個禮拜後（我常跟他們開玩笑說「我」句式並不是網路程式），有個學生問我他能不能約時間和我談談他的作業成績。晤談時他問我：「老師，我對我的成績有點疑惑，因為我覺得我作業寫得非常認真，所以我不太懂為什麼會拿到這麼低的成績。」

太棒了！要是他以平常的語氣，他很可能會這樣問：「老師，我覺得你給我打的成績好像不太公平欸！」

要是他用過去的語氣問我，我可能會想要為我幫他打的成績辯護，然而，因為他運用了「我」句式，和我分享他困惑的感受，所以我並沒有為自己辯護，而是想幫助他理解背後的原因，同時給他一些安慰。

於是我們坐下來討論了大約三十分鐘，詳盡檢討了他的作業，以及作業的評分標準，雖然最後我還是沒有更改他的成績，但他的心情明顯已經好轉，而且也知道之後要怎麼做才能改善，而我自己也覺得成了一個更好的老師。這是雙贏的局面！我同時也稱讚他運用了「我」句式，並感謝他能以尊重的方式詢問我。

另外，我在教導「我」句式時，也總會向學生提出以下這個例子。這是孩子採用「我」

句式，和家長討論家中的門禁時間：「我覺得遭到排擠，因為在我所有的朋友中，只有我必須在晚上十一點前回家，我希望我們能討論一下延長門禁時間，並找出一個彼此都能接受的時間。」

學生們超愛這個例子，許多人回家之後會如法炮製，而且大部分時候都能成功延長門禁時間。因為只要妥善運用「我」句式，家長就不會防衛心很重，同時他們也能欣賞青少年和自己溝通的正面方式。

只要我們提供學生機會，他們就會讓我們了解，他們是有多麼聰明！

倫敦美國學校十年級教師、認證正向教養講師

喬伊・瑪切斯（Joy Marchese）

全球教學現場案例分享

美國波特蘭

我們在課堂中會教導學生如何表達「煩惱和願望」，煩惱指的是讓他們覺得不高興的事，願望就是他們想要的事，以下的對話發生在我和一名五歲男孩之間：

他：我想給凱文一個願望。

我：你是說煩惱和願望嗎？
他：不是，只有願望。
我：好啊。
接著他對凱文說：希望你可以跟我一起玩！
另一次則是我在教室中，坐在桌子旁看著學生用非常非常小的珠珠串成項鍊。在製作項鍊的過程中，他們唯一需要我幫助的步驟，就是項鍊串好後要在末端打一個結。
有個男孩請我幫他打結，這是個非常合理的要求，但我不靈活的大人手指無法掌握滑順的絲線，導致一直沒辦法打好結，試了好幾次之後我忍不住咆哮：「這條線真的很煩人！」
一旁的男孩聽見後馬上回答：「那你的願望是什麼呢？」

特教老師、認證正向教養講師
《跟阿德勒學正向教養：特殊需求兒童篇》共同作者
（Positive Discipline for Children with Special Needs）
史蒂芬．佛斯特（Steven Foster）

全球教學現場案例分享

秘魯利馬

多虧我們在班會時練習的「我」句式，同學間互相幫助的情形有了大幅改善。我那時在班會中解釋道，我們接下來要學習的是，如何以尊重的方式表達我們覺得困擾的事。我們還會製作兩張清單，一張寫上我們覺得困擾的事，另一張則寫上我們希望別人該怎麼做。接著，透過這兩張清單，每個學生都有機會練習如何透過類似「＿＿＿＿讓我很困擾，我希望＿＿＿＿」的句型，來表達自己的感受，另一次我們則是換成練習可能出現的回答：「我很抱歉，我不知道你介意。」

練習結束後，我們在教室中整理出了一個舒適的小空間，放著毛毯及枕頭，能夠讓學生冷靜地談話以及解決衝突。有時候我會坐在一段距離外觀察學生的行為，不會出手干預，卻還是能聽見他們的對話，並將這些對話記錄下來，例如「你連問都沒問就拿走我的色筆，讓我覺得很沮喪，我希望下次你可以先問過我。」另一個人則回答：「對不起，我下次不會再那麼做了。」或是「你本來邀我一起玩，但你後來又跟另一個女生跑掉，把我晾在那邊，這讓我覺得很難過，我希望你能夠遵守承諾。」另一個人回答：「對不起，我不知道，那待會下課時間你還願意跟我玩嗎？」

透過「我」句式的運用，問題通常在演變成激烈的衝突前，就能輕鬆解決。像是另外一次，某個男孩跑來找我，告訴我他和朋友處得不太好，但在他告訴我詳細資訊以前，另一個孩子就先問他：「你有試著坐下來和他好好聊聊嗎？」男孩聽見之後又跑走了，我接著看到他和朋友說話。不久之後，我問他現在覺得怎麼樣了，他回答：「別擔心，一切都沒問題！」

三年級教師、認證正向教養講師
珊卓拉．科爾梅娜雷絲（Sandra Colmenares）

實用小技巧

一、教師在教導「煩惱和願望」時，可以使用玩具瓢蟲和玩具魔法棒來代表煩惱和願望，邀請學生使用這些道具，來練習運用「我」句式，將會非常有趣。

二、為了讓學生學會「我」句式：「我覺得＿＿＿＿，因為＿＿＿＿，我希望＿＿＿＿。」教師必須花時間讓學生定期練習。

三、教師在班會中可以詢問學生：「誰最近有運用『我』句式的經驗，可以跟我們分享呢？」雖然了解他人可能不會擁有和自己相同的感受，而且也不總是會順我們的意，也是一項非常重要的社交及情緒技能，不過即便如此，仍然有必要學習以尊重的方式，表達自身感受及願望的技巧。

相關研究

「我」句式是有效溝通中不可或缺的元素，尤其是針對「想要以互相尊重的方式來解決衝突」的溝通情境而言，更是如此。[84]教師和學生如果學會運用「我」句式，就能提供學生認同感，並幫助他們覺得自己受到理解。「我」句式也能促進有效溝通，特別是在衝突發生期間。[85]庫班尼（Kubany）和理查（Richard）曾針對二十名處於親密關係的中學生，進行有關負面情緒溝通的研究。研究結果顯示，和「我」句式相比，控訴性的「你」句式，通常會引發更強烈也更負面的情緒反應。[86]而另一項以香港學童為對象的研究則指出，比起以「你」開頭的批判或負面評論，學生對「我」句式有較高的接受度。[87]最後，在一項側重有效溝通策略，例如「我」句式等的社交及情緒問題解決研究中，研究人員分析廣泛的參與對象，包括幼兒園學生、一年級學生、及其教師後發現，學生的肢體及言語攻擊行為，也都出現下降的跡象。[88]

問題解決四步驟

關鍵因素在於共同分擔責任，這是一個思考和討論所發生問題、以及探討替代方案的過程。促進共同分擔責任，最好的方法就是問「我們對此可以做些什麼？」

——德瑞克斯

先前介紹過的許多正向教養方法都強調問題解決，例如班會、選擇輪、達成約定後貫徹執行、親師生座談會、動機型及對話型的啟發式提問、自我情緒調整、「我」句式、專注於問題解決方案等。這些方法設計的目的，都是為了創造阿德勒和德瑞克斯所謂的「社會情懷及歸屬感」。而本節介紹的問題解決四步驟，則是提供了一系列的步驟，協助學生練習問題解決技巧。

這四個步驟是：

我已經嘗試了，可以得到一些分數嗎？

一、忽視不理會
二、尊重的溝通
三、尋找彼此能接受的問題解決方案
四、如果無法一起解決問題，尋求其他人的幫助。

許多人都相當疑惑，為什麼「忽視」屬於問題解決步驟。如果只是忽視問題，那又該怎麼解決問題呢？

只要想想，我們常為了瑣碎的小事大發雷霆。如果直接忽視，其實根本就不會產生問題。教師可以讓學生角色扮演下列兩個情境，這樣就能了解，忽視其實也是解決問題的一種方法。

情境一：先找兩名學生，請他們盡可能誇張地模擬以下情境（注意安全）：在走廊上相遇，其中一人不小心撞到另一人，被撞的學生馬上推了回來，撞人的學生見狀也推了回去。然後模擬結束。

接著詢問兩名學生的看法、感受，以及他們覺得往後要怎麼做，並邀請其他學生分享他們從這次角色扮演中學到了什麼。

情境二：同樣兩名學生在走廊上相遇，其中一名學生不小心撞到另一名學生，但被撞的學生卻繼續往前走。

詢問兩名學生的看法、感受，以及他們決定往後要怎麼做，也邀請其他學生分享他們從這次角色扮演中學到了什麼。

再來可以請學生發想：除了打起來和忽視外，這兩名在走廊上相撞的學生，還可能有什麼選擇？學生們可能會想出各種充滿創意的結果，例如道歉、大笑、和對方擊掌等。不管學生想到什麼，可以繼續請學生模擬他們想到的情境。

接著向學生介紹另外三項解決問題的步驟，讓學生就每個步驟進行討論，以便幫助他們理解其中的意義，例如「忽視」這項步驟，就可以和積極暫停結合，衝突發生後，學生可以先花點時間冷靜，再回來繼續其他的步驟。

第二項步驟「以彼此尊重的方式溝通」，則可以和「我」句式以及傾聽別人的想法結合，進而使學生各自為自己的部分負責，並分享他們分別願意做些什麼來解決問題。

第三項步驟「尋找彼此能接受的問題解決方法」，則可能需要先進行腦力激盪，以便找出各種問題解決方法。

第四項步驟中的「尋求其他人的幫助」，代表可以將問題放進班會議程中討論，讓全班一起腦力激盪，找出問題解決方法，或是直接找成人提供幫助。

教師可以將學生分成三組，每一組負責討論一項步驟，接著為這些步驟設計角色扮演情境，並且向全班模擬。學生可以自行決定要扮演哪個角色。另外也要記得分配旁觀者的角色，因為旁觀者也會受到影響。

教導學生「問題解決四步驟」之後，教師很快就能發現，在沒有成人介入的情況下，學生也會自行練習這些步驟。

全球教學現場案例分享

美國佛羅里達州

下課時間結束後，一個叫文斯的二年級男孩跑向我，憤怒地大哭，抽抽噎噎地告訴我：「我沒有因為褲子被扒掉生氣，我只是想知道是誰做的。」經過詢問後，他告訴我，對方大概有八個人在玩鬼抓人，但他的褲子不知道被誰趴掉了，害他露出了內褲，所以他就大哭，因為他覺得朋友們看到他的內褲了。文斯接著指出那八個和他一起玩的朋友，有男孩也有女孩。我不想在其他同學面前處理這件事，於是我把他們全都叫到另一間辦公室去。

全部的人到齊後，我問：「現在誰遇到問題了呢？」

文斯回答：「我。」

我接著問他：「那你的問題是什麼呢，文斯？」

文斯說，他們剛剛在玩鬼抓人的時候，有人把他的褲子脫掉，他想知道是誰做的，這樣才能解決問題。

沒人承認，於是我提醒他們，我們不是要責備那個人，只是要解決問題。但有個男孩就像沒聽見我剛才說的話，舉起手說他看到是山米做的。山米馬上轉過頭去跟他說：「才不是，不是我做的。」接著又有兩名同學說他們也有看到山米脫了文斯褲子。不過即便指證歷歷，山米還是哭著說他沒有做。

眼看著事情發展到這個地步，我再次提醒他們，我們只是要解決問題，沒有要責備誰，文斯沒有生氣，他只是想知道到底是誰做的，沒有人會有麻煩。但我開始覺得其他人說的是實話，山米是為了保護自己才說謊。

我覺得有點不舒服，我很想跟山米說：「快承認吧，你不會有麻煩，這樣我們就能趕緊解決這個問題。」哭哭啼啼的山米依然堅持自己的清白，其他人也還是堅持他們看到的。

就在我即將跟所有人說，這件事情該結束了的時候，有個小女孩突然高聲叫道：「是我做的，但我是不小心的，我那時候在追文斯，結果不小心跌倒，我跌倒的時候壓在他身上，就不小心把他褲子脫下來了。」所有人都非常震驚，剛剛那些說他們有目睹事情經過的人，現在也都難以置信。這時我突然理解，或許其他同學的說法，並不代表事情真正的經過，正因如此，我或許不該讓他們參與問題解決。

這件事情過後我學會，如果再有類似的事件發生，我不會再問其他學生看到什麼，我只要讓學生自行和彼此討論，就能和平解決問題。

中央蒙特梭利學園（Center Montessori School）二年級教師

瑪蒂娜（Mattina）

全球教學現場案例分享

美國加州

在本校的問題解決過程中，我們運用了所謂的「核對情況」技巧，這項技巧結合了啟發式提問、「我」句式，還有尋求他人幫助等正向教養的工具。「核對情況」程序不僅限於教師幫助學生，在學生發生問題時也能運用，例如受傷時（身體或情緒上）或是產生誤會及意見分歧時。

舉例來說，如果有個學生不小心撞到另一名學生，撞到人的學生會停下來，並「核對情況」被撞的學生，例如問他「還好嗎？」或是「你需要什麼幫助嗎？」被撞的學生可能會回答：「我的手肘擦傷了，我需要ＯＫ繃和冰敷袋。」接著兩人還可以到辦公室尋求協助。

如果有學生因為其他人做的事或說的話而感到受傷，他們也可以要求實施「核對情況」。此時可以有成人在場，也可以沒有。「核對情況」使學生有機會和其他人分享自身的感受：「你不找我一起玩，讓我覺得很難過。」對方也有回應的機會：「但是你又不一定喜歡我們玩的遊戲。」對話會來來回回數次，直到雙方理解彼此，或是決定一起從事其他活動。

在我們的社會中，大部分的成人和孩童都缺乏這樣的問題解決技巧，因此上述的例子，正是本校教師盡心盡力的最佳證明，他們花時間以彼此尊重的方式，和學生建立連結，同時運用朝會或班會時間，教導學生問題解決技巧。

創新學校（Innovations School）認證正向教養講師
唐娜．內皮爾（Donna Napier）

全球教學現場案例分享

美國喬治亞州

我班上的同學最近有個問題，就是在打籃球或是踢足球時不小心，使旁人被球砸到。全班一起想了各種辦法，最後決定玩球的人應該去別的地方踢足球。

同學們也請我在球員踢足球時到一旁監督。監督時，我聽見球員互相提醒：記得不要把足球踢到籃球場去。這個辦法非常有用，同時也讓監督下課時間更為容易。

三葉草中學（Cloverleaf School）教師，艾麗絲．阿博切特（Elise Albrecht）

全球教學現場案例分享

美國亞特蘭大

我們喜歡把班級當成是一個充滿學習者的團體，所有人都在這裡一起學習，而為了促進這種共同學習的氛圍，從開學第一天開始，我就不斷和學生強調，我們所有人都身兼教師及學習者的角色，我們都有可以和別人分享的事，也能從別人那裡學到一些什麼。

為了幫助學生建立合作精神，我首先必須了解我的學生。我班上大部分的學生才正式進入全日制學校第二年，所以在發展上，他們的進度不盡相同。因此，為了讓他們覺得自身擁有能力，促進他們對學習的責任感，我們推行了一項叫作「找老師前先問過三個同學」的原則。

我們鼓勵學生解決問題，所以如果有他們不懂或不確定的事，在尋求老師協助之前，必須先去詢問其他三個同學。我從開學第一周開始，就不斷鼓勵他們練習這項原則，這項原則的優點包括：

- 對自身學習的責任心與擁有感
- 問題解決能力
- 最終完全遏止過度尋求關注的行為
- 掌制情況的能力
- 減少尋求關注的行為

隨著學年逐漸進行，教師與教學助理也會透過小組的方式教學。上述的原則可讓教師及學生在課程進行時，很少會受到干擾。而針對那些只喜歡從老師身上得到答案的學生，或許會需要花多一點時間，才能讓他們進入正軌。另外，教師親自示範，並不斷提醒「找老師前先問過三個同學」這項原則的重點，似乎也是必要的步驟。同時教師也必須給予那些遵守原則的同學正面的回饋，無論是提出問題的學生，或是回答問題的學生。教師對雙方的正面回饋，不僅可以協助建立合作的氛圍，也能鼓勵其他同學效法同樣的行為。

美國亞特蘭大聖猶達天主教學校（St. Jude the Apostle Catholic School）

一年級教師，佩蒂．史波（Patty Spall）

實用小技巧

一、教師可以請幾個學生製作「問題解決四步驟」的海報，並把海報張貼在教室中。

二、教師可以在教室中設計一個特別的空間，在教室外也可以，學生可以到那個空間去練習或使用問題解決四步驟。

三、當教師發現需要介入時，可以提供學生選擇：「你覺得現在要怎麼做，對你才會最有幫助呢？使用選擇輪？使用問題解決四步驟？還是把這個問題放進班會議程進行討論呢？」

相關研究

相關的縱向研究（針對同一個對象，連續進行長時間的研究）顯示，較早在學校中學會問題解決技巧的學生，日後出現問題行為的機率也較小。[89]舒爾（Shure）和史皮瓦克（Spivack）的研究指出，教導有關人際互動的認知問題解決技巧，將會降低學生衝動行為出現的頻率，例如在幼兒園或一年級就學會問題解決技巧的學生，和沒有學習問題解決技巧的學生相比，衝動行為出現的頻率就較低。這樣的比較一直進行到四年級，呈現的結果都穩定支持上述的現象。[90]

研究同時也證實了運用系統化方法，促進學生社交及情緒成長的重要性，而實證研究的結果，也支持了每天練習社交及情緒技巧的效果。[91]正向教養中的問題解決四步驟，以及其他的方法例如班會等，則是提供了系統化的方法，將這類技巧的練習，融入學校每天的日常慣例及架構中。針對班會成效的研究，也指出班會對學生帶來的好處，每天練習將會增進學生運用問題解決技巧的能力。[92]

第六章

教學技巧

安靜行動

說是最沒效率的方法之一，教師無聲的行動總是比說的更為有效。

——德瑞克斯

身為教師，你會不會常覺得學生根本沒在聽你說話？你可能是對的，特別是當情況涉及錯誤目的時更可能如此。比如說，如果有個學生的錯誤目的是過度尋求關注，但你卻試圖用口頭訓誡或斥責來改變他的行為，那麼你其實是在強化學生的錯誤認知，因為他們會把過度尋求關注這項錯誤目的，當成是獲得歸屬感與價值感的方法。

或者如果學生的錯誤目的是爭奪權力，那麼教師的言語將會導致權力爭奪，因為學生在向教師傳遞「你搞不定我」這項訊息。如果學生的錯誤目的是尋求報復，教師的言語則很有可能加深他們受傷

我根本不必上健身房，因為我有個班級經營策略，就是不斷在教室中走動，我覺得我一天像是走了十公里一樣。

的感受，並且引發更多報復行為。最後，如果學生的錯誤目的是自暴自棄，教師的言語則會加深學生對於自身無能的錯誤信念。

有太多時候，教師使用的言語都是針對學生行為而來的反應，而安靜行動這項技巧，則是需要教師停下來思考如何積極回應學生。這項技巧需要老師改從學生的角度來思考，去了解他們行為背後的信念，如此才能鼓勵學生產生促進行為改變的新信念。

安靜行動這項技巧的運用方法之一，就是使用無聲暗號，這同時也能幫助學生積極參與。教師可以在班會中請學生腦力激盪，想出各種以尊重為基礎，能夠帶來幫助的無聲暗號。例如微笑指向需要完成的事項、舉起食指示意學生降低音量、拍三下手並讓學生跟著做（以提醒學生靜下心）等等。如果學生在發想無聲暗號的階段就積極參與，並且事先就對如何使用這些暗號達成共識，那麼這些暗號就能發揮更大的功效。

有時候安靜行動這項技巧可能無法改善情況或是帶來幫助，這時另一個相關的正向教養技巧就能派上用場：「單詞法」。在這個情況下，一個字或詞的訊息取代了無聲暗號。下方案例分享中的最後一個案例，就展示了教師運用「單詞法」的成功經驗。而下方的「實用小技巧」則提供了特殊的例子，教導教師如何最大化「單詞法」的功用。

有時候，最有效的方法其實是靠近不專心的學生。因此教師的巡視，背後所代表的是所有學生都必須專心，特別是如果教師的意圖不是威嚇，而是要傳達「先連結後糾正」的概念（見第三章）。

大家通常會認為安靜行動，做就對了，但行動背後的「能量」，其實才是行動影響如此巨大的主因。在下方的案例分享中，你就能感受到這些教師背後源源不絕的「能量」。

全球教學現場案例分享

美國北卡羅萊納州

在超過兩千名學生的大型都市中學，學生下課換班的過程，總是不斷對課程進行造成干擾。即便換班能為學生帶來好處，例如給予學生固定的休息時間並提供他們必需的同儕互動等，這段充滿密集社交與肢體活動的短暫時間，卻可能會讓青少年無法轉換到下堂課所需的冷靜狀態。

當三十多名精力充沛的青少年進入教室，他們必定會分成數個不同的社交小團體，繼續剛才下課未完的討論。如何快速獲得他們的關注，以便開始進行課堂活動，對教師來說是個很大的挑戰。每當學校的鐘聲沒有發揮效用時，我會試著禮貌的打斷學生的對話，因為對這些青少年來說，和同儕聊天社交可說是最重要的事。

比起讓自己的聲音突破三十名青少年嘈雜的聲響，我會走向電燈開關，接著開關電燈數次，向學生表示我已經準備好要開始上課了。他們了解這項訊息代表的意義，也能看到發生了什麼事，因此他們知道必須趕緊把對話結束，到座位坐好，準備開始上課。我甚至不用說任何一個字，就已經成功得到他們的關注。同樣有效的還有這招：把一根手指放在嘴唇上，然後把另一隻手舉到空中。我發現一小群學生正在看我，因此就先對他們做出這個動作，學生馬上知道應該結束對話了，於是他們也舉起手回應。接著我慢慢走過一群又一群學生，一個字都沒說，只是讓我的手繼續懸在空中。如果有需要，我還會加上「把嘴巴關緊」的動作，如此一來，不用說任何一個字，教師就能輕鬆讓學生安靜下來，開始上課。

退休英語教師、大學理事會工作坊（College Board Workshop）主辦人暨顧問
莎莉．杭柏（Sally Humble）博士

全球教學現場案例分享

美國猶他州

之前我負責教六年級時，有次我突然失聲，但還是必須上整天的課，並且努力讓二十八名學生參與課堂活動。每次回想起，當天我終於體會到「安靜行動」這個正向教養方法是多麼有效，我就會覺得非常開心。這天可以說是我的教學生涯中最快樂的一天！由於我只能輕聲細語，因此在課堂的溝通中運用巡視技巧、手寫訊息、微笑及手勢，就變得非常

重要。這些工具帶來的好處非常顯而易見，即便後來我的聲音恢復了，我仍然在日常教學中融入這些技巧，結果也非常成功。

我曾經聽許多人說過，他們本來以為在某些情況下，只有大喊才能獲得學生的注意力，並且讓學生專心上課，後來卻驚訝的發現，眼神接觸、微笑、輕聲細語、和緩的語調等小動作其實都能帶來幫助。我也將某位前任校長的座右銘奉為圭臬：「老師就是要掛著大大的笑容，並且輕聲細語和學生說話。」

六年級教師、認證正向教養講師，潔西卡．杜爾什（Jessica Duersch）

全球教學現場案例分享

美國亞特蘭大

我發現一個非常有趣的方法，能夠鼓勵在「專區時間」（center time）無法融入教室的學生。雖然在我們的教室中，隨時都有四個不同主題的專區在進行工作，但我發現運用類似比手畫腳的方法來教導學生，不僅能讓學生把注意力轉移到我身上，同時也能為看似簡單的任務增加一些難度。

首先，我會在白板上張貼一些信號詞句，基本的詞彙例如「你好」、「請」、「謝謝你」、「不客氣」等，之後我會透過以下的無聲暗號來教導學生：

一、首先運用手勢獲得學生的注意，請他們看著我的眼睛，我也看著他們。

二、用手語向學生解釋他們需要什麼工具，例如剪刀、鉛筆、膠水等。

三、接著用比手畫腳的方式，向學生解釋要怎麼完成這次的勞作，可以運用一些音效，例如打開膠水的蓋子等，學生們從我加入的音效中獲得的滿足，跟他們親自動手做勞作幾乎不相上下。

四、我鼓勵他們如果有任何問題，也可以用手勢向我發問。

這時在其他中心忙碌的學生，也會暫時放下手邊的工作，轉而注意為什麼我們的中心這麼安靜。在完成勞作的過程中，也能運用我們的其他感官，這讓所有人都非常開心，包括我自己在內。

美國亞特蘭大聖猶達天主教學校（St. Jude the Apostle Catholic School）
一年級教師，崔莎．蘿梭（Tricia Loesel）

實用小技巧：安靜行動

一、教師可能會發現，學生對成人的說教常常不理不睬。

二、溫和且堅定的行動常常比言語還有用，例如教師可以讓學生知道，在他們準備好後你才會開始上課，接著坐下來安靜地等他們準備好。不過前提是教師有先花時間練習這項技巧，可參見第二章的溫和且堅定小節。

三、穿上慢跑鞋準備巡視吧！有時候教師的巡視比言語更為有用。

四、教師可以練習自己的表情，溫和且堅定地向學生表示：「做得好！」

五、溫和地把手放在學生的桌上，這也可以當成一個無聲的暗號。

六、如果學生年紀較小，可以在學年開始時安排一堂以圖片教導無聲暗號的課程。例如手指著耳朵表示安靜傾聽等。

七、教師也可以運用自身的幽默感，來創造獨特的無聲暗號，例如拿出一棵小型充氣棕梠樹，就可以代表教師現在需要積極暫停。

實用小技巧：單詞法

一、有時候教師只需要說一個字詞，就能以友善的方式提醒學生。

二、絕對別使用「不」這個字，可以試試其他字例如：用「筆」提醒學生拿筆出來做筆記、用「眼睛」提醒學生專心看、用「書」提醒學生拿出課本、用「收拾」這個簡單的詞彙提醒學生在離開教室前注意環境整潔、以及在學生爭吵或打架時使用「解決方案」。

三、教師可以將單詞法和上述的無聲暗號結合，以便使用多元化的方式教導學生。

全球教學現場案例分享

美國伊利諾州

身為教師，我們常常會運用太多的言語來說教，接著再來懷疑為什麼學生不聽我們說的，例如我在一年級班級中，就常常到了休息時間還在碎碎念。我發現我會一直碎念天氣狀況，告訴學生出去外面該穿什麼，以及他們該做什麼才能讓我知道他們準備好出去了，不過在這段時間中，他們滿腦子想的只是出去外面玩而已，我應該挑別的時間再告訴他們這些。

因此我決定試試正向教養法的「單詞法」，課堂快結束時，我會看著課表，再看看時鐘，接著說「下課」。看著學生先是彼此對望，轉頭看著我，接著才趕快開始準備外出時，實在非常好玩，也令人相當滿足。我穿上外套，走向教室門口，學生們安靜地在我身後排好隊伍，我轉頭往後方一看，就知道他們準備好了，甚至比平常還要安靜，他們可能非常驚訝吧，接著我們就出去玩耍了。

這個方法為我省下了不少力氣，而且我還注意到學生們非常樂意合作，似乎也很高興我終於不再碎碎念，我相信這是因為我的舉動，證明了我尊重他們擁有的能力，也就是他們知道怎麼作好外出玩耍的準備。

如果我叨唸學生，就表示我對他們的能力缺乏信心，但只要我少說幾句，學生就有機會運用自身的能力，並且自行找出解決問題的方法。

前茂盛樹叢學院（Blooming Grove Academy）院長、認證正向教養講師

迪娜．安舍（Dina Emser）

相關研究

一項針對班級經營介入所設計，目的為減少教室干擾行為的後設研究顯示，運用各式無聲暗號，例如靠近學生，或是把手指放在嘴唇表示安靜等手勢，對於引導不專心的學生重新專注在學習上，可說是非常有效。另外，運用事先安排的無聲暗號，也受到文獻的支持，例如教師舉起手示意學生回到座位。[93]麥克里歐（McLeod）的研究也指出，具備效率的教師會妥善運用班級經營技巧，來獲取學生的注意力，例如巡視，或精確一點來說，直接靠近出現問題的學生。而學校文化對學生的行為也會產生影響，和不滿意學校文化的學生相比，滿意學校文化的學生，所受的口頭訓誡也較少。最後，具備效率的教師在問題發生時，通常就已經在附近，因此能快速且安靜地針對問題作出反應。[94]

出乎意料

如果教師不能控制自己的衝動，不了解衝動背後的意義，那麼不僅無法矯正學生的錯誤目的，反倒還會強化這些錯誤目的。

——德瑞克斯

相關研究指出，具備效率的教師在解決問題時，通常較為自然也較有彈性，只要適度運用驚喜與幽默感，就能以積極的方式教導學生。

許多教師都表示，想要大吼的時候，最有效的方法其實是保持冷靜、輕聲細語。其中一名教師會透過麥克風向學生輕聲細語，另一名則是會運用誇張的手勢吸引學生的注意。教師自然地做出一些意料之外的舉動，不僅能夠獲得學生的關注，也能保持他們的興趣，並且幫助他們專心。

了解學生的問題行為背後都有某種原因，能夠讓教師不致以衝動的方式回應學生，因為這樣反倒會助長問題行為，這部分可以參見第一章討論不同錯誤目的各小節。例如學生的錯誤目的如果是過度尋求關注，教師的衝動反應，可能會是透過嘮叨或哄騙這類錯誤的方式，來給予學生關注。這時如果運用幽默感處理，或許教師就可以讓這名學生辦一個笑話比賽，並讓其他學生票選出本日最佳笑話。

如果學生的錯誤目的是爭奪權力，而教師發現自己陷入權力爭奪之中，或許可以試試拿出一組玩具拳擊手套，並以開玩笑的口吻向學生說：「我們下課後見！」當然，這個方法要有效，必須建立在教師本身就具備十足的幽默感上，以幽默稍微緩和情況後，教師可以接著說：「我知道我們陷入了權力爭奪，但我非常在乎你，所以我不想跟你打架，讓我們冷靜下來，並且試著找出問題解決方法。」

只要教師理解問題行為背後的錯誤目的，就會知道出乎意料是多麼有用。

全球教學現場案例分享

美國伊利諾州

我逐漸了解正向教養這套方法之後，我也越來越能以同理心看待學生的感受。而「出乎意料」這項技巧，則是讓我能以有趣的方式獲得學生的合作，緩和緊繃的氣氛：如果我發現學生在課堂上不專心，我就走到牆壁旁或窗戶旁，上課給牆壁或窗戶聽。

如果學生在聊天，我就回到我的辦公桌讀我自己的書、唱首愚蠢的歌或是走到某個學生的座位旁，邀請他起立和我作點運動。其他學生如果注意到，我也會邀請他們加入我們。

這些出乎意料的舉動，讓所有人都能暫時從壓力中解脫，作點運動、唱唱歌、或者從事一些有趣的活動，補充能量後再回到正事上。這項技巧也讓我擺脫身為老師的跋扈和暴躁，想起這些學生畢竟只是孩子，而孩子總是喜歡有趣的事物。

前茂盛樹叢學院（Blooming Grove Academy）院長、認證正向教養導師
迪娜．安舍（Dina Emser）

全球教學現場案例分享

美國加州

有天在休息時間結束，準備排隊回教室時，我的特教學生好像全都失控了，不過我沒有對他們大吼大叫，而是坐在地板上等他們注意到我。不久之後，所有人都安靜下來，並且疑惑地看著我，甚至有個學生問需不需要扶我一把。

四、五年級特殊教育助理、認證正向教養講師
傑奇．費里曼（Jackie Freedman）

實用小技巧

一、教師可以播放一些活潑的音樂，告訴學生現在是跳舞時間，讓學生放鬆幾分鐘後，就把音樂關掉，告訴他們現在是時候做正事了。

二、如果想獲取學生的注意力，教師可以不發一語站上辦公桌，或是躺在地上。雖然這可能不是你的風格，但有些教師兩種方法都試過。

三、教師也可以更換學生的座位：「每個人把書收好，換到另一個座位去。」這個方法可以快速改變教室的氣氛，特別是對那些愛講話的學生，或是容易受到周遭同學干擾的學生而言，這個方法更是有效。

相關研究

艾默（Emmer）與史托（Stough）針對班級經營的重要，進行了廣泛的文獻探討，進而指出教師必須擁有在瞬間做出決定的能力。具備效率的教師，能夠自然而然對困難的狀況作出適切的反應。[95]針對教師決定的研究也顯示，教師必須根據不同的情況，快速調整班級經營策略，這點非常重要。其他研究則指出，在學生變得躁動不安時，新進教師比較沒辦法適時更改學生的學習任務，而由於無法隨時根據教室中變動的需求進行調整與反應，新進教師的效率也因此降低。

有限選擇

我們無法保護孩子免於人生的挑戰，
因此，重要的是讓他們準備好面對挑戰。

——德瑞克斯

如果學生會按照老師交代的乖乖去做，那不是很好嗎？畢竟，假如老師已經知道學生需要什麼，又何必給學生選擇權呢？

要回答這個問題，讓我們先回到本書前言提到的「優良品格與生活技能」清單，上頭包含我們想讓孩子具備的各式特質與生活技能，包括自信、自律、尊重自己與他人、負責、問題解決技巧等等。這些技巧並不是從盲從而來，而是要透過教師運用正向教養，提供學生反覆練習的機會，直到學生學

反正就是做對的事嘛。

會這些技巧。

此外，缺乏選擇將會造成無力感，進而引發反抗。相對的，擁有選擇，即便只是有限的選擇，也能創造具備能力的感覺，鼓勵學生思考進而選擇。而學生受到鼓勵後，也更容易選擇合作。

使用有限選擇的最佳時機，就是在學生不被允許選擇「該做什麼」，卻對「該怎麼做」、「在哪裡做」、「什麼時候做」擁有選擇權的時候。例如學生無法選擇不做作業，但他們卻可以選擇什麼時候要做作業，或是要用什麼方式做作業。

不過，要是學生不想從有限的選擇中進行選擇，而是想要做些別的事，又該怎麼辦呢？如果教師可以接受學生去做別的事，那麼就沒問題，如果不行，可以告訴學生：「這不在我們的選項內。」接著重覆一遍目前的選項，再跟學生說：「你可以決定。」

如果有限選擇這時還是沒用，那麼就得從學生的行為尋找蛛絲馬跡：或許教師在糾正前沒有先建立連結，或許教師沒有先認同學生的感受或觀點，也有可能其他方法在這種情況下會更有幫助，例如啟發式提問、共同解決問題、把問題放進班會議程中討論等等。

下方的案例分享是一名教師的親身經歷，她先使用各種正向教養方法來和學生建立連結，進而理解學生的想法，之後再提供學生有限選擇。

全球教學現場案例分享

美國亞特蘭大

我班上有個新來的學生歐文，他非常討厭做作業，特別是在晨間的語言藝術時段，情形更為嚴重。身為轉學生，歐文不太適應，他沒辦法處理自己的情緒，挫折容忍度也非常低。在我們固定舉行的班會上，歐文也一直不想鼓勵同學，而在練習問題解決時，他總是選擇只對自己有好處的解決方式。

透過接觸歐文的家長，讓我對歐文有了更深入的了解，歐文的家長解釋他是家中的獨子，但他們的工作時間很長，而且也常常需要出差。歐文的家長也大方承認，他們和兒子在一起時，總是盡量避免衝突，因為他們能陪兒子的時間實在太少了。在這樣的家庭生活脈絡下，歐文在教室中逃避較難任務的行為，看起來就變得相當合理。

我經常使用有限選擇來改變學生的行為。既然我已了解歐文其實完全能夠完成任務，只是會逃避他不喜歡的任務，那們我就決定運用「有限選擇」來引起歐文的動機，進而幫助他發展具備責任感的學習倫理。

有次他情緒失控，於是我首度在他身上運用有限選擇，結果就像咒語一樣有效。當時的活動是我提供全班學生一些方向，請他們寫下這學期為止，他們最欣賞「超級小孩」中的哪個角色。歐文沒有參與，而是在玩鉛筆盒裡的文具，於是我走向他，彎下腰告訴他：

「歐文，你可以選擇現在參與活動，或在十點時和我談談，你自己決定。」

歐文知道我們的課表，十點正好是休息時間，一開始他和我抗議：「我不想錯過休息時間，我不知道要寫什麼啦。」

接著他開始哭，不過很快擦乾眼淚開始做事，學生們下課後，我打開歐文的作業簿，他在上面寫著：「我選不出來我最喜歡的超級小孩，因為他們每個都超棒的，我喜歡他們每個人，就跟我的新學校一樣，每個人都超棒，也都是我的朋友。」

讀完歐文的作業簿之後，我知道我們正在進步，他選擇完成他的工作，這樣休息時間就可以出去玩耍，更重要的是，他願意和我分享，他對新學校以及新朋友的感受。

幼兒園教師，梅格．佛德里克（Meg Fredrick）

實用小技巧

一、沒有選擇會讓人感到沮喪，有限的選擇則讓人覺得自身具備能力。

二、教師應該提供學生適切的選擇。

三、教師至少應該提供兩項自己可以接受的選擇，例如：

- 「你想要讀這本書，或是在今天的休息時間留下來做作業？」
- 「你覺得怎麼做才會對你有幫助，到積極暫停區去？或是使用選擇輪？」
- 「你想要交手寫報告，還是用打字的？」
- 「你想坐這邊還是坐那邊？」
- 「你想把這個問題放進班會議程討論，還是和同學一起運用問題解決四步驟來解決問題？」

四、教師必須記得，只要在糾正之前先和學生建立連結，那麼就連提供有限選擇這項方法，也會變得更有效。

相關研究

研究顯示，提供學生有限選擇，可以促進學生的學習動機，並減少學生的問題行為。

[96]有許多理論都闡述了為什麼這項策略能夠為學生學習帶來幫助。最重要的是，有關腦部的

研究證實了選擇過程中的腦部活動，能夠讓學生獲得參與感、從自身出發、並且覺得自己具備能力，進而增加學生的自我控制。柯恩（Kern）和帕克斯（Parks）根據他們的研究結果，提出了幾項建議，其中最重要的是以下兩項：一、教師不應該將提供選擇視為失去權力或權威，也不該為了重新取得對學生的控制權，而拒絕給予學生選擇。二、教師應該將有限選擇視為班級經營的策略，這個策略能夠幫助學生了解自身具備的能力。

邏輯後果

如果我們讓孩子親自體會他的行為帶來的後果，我們就提供了一個百分之百真實的學習情境。

——德瑞克斯

請注意上面這段引言使用的詞彙：「如果我們『**讓**』孩子親自『**體會**』他的行為帶來的後果……。」重點是，「讓孩子體會行為帶來的後果」和「把後果強加在孩子身上」，兩者完全不同，後者通常只是經過偽裝的懲罰。但是採用正向教養的方式，讓學生自行體會行為帶來的後果，則代表教師對學生擁有信心，相信他們在充滿支持的環境中，能夠從自身的經驗學習。充滿支持的環境代表不能使用「看吧，我早就告訴過你了……」這類的訓誡，也不能使用懲罰；同時也代表不

我的老師說如果我繼續干擾課堂，她會告訴聖誕老人我是個壞小孩，這樣聖誕老人就只會送我無聊的玩具。

能從困境中拯救學生，也不應該避免學生犯錯，除非這些錯誤可能危及學生的生命，或是有可能傷害到學生自己及他人。如果教師能夠遵守上述的前提，也可以參考下列的方法，以便建立充滿支持的環境。

一、單純認同學生的感受，並且對他們抱持信心，相信他們能夠從自身的選擇獲得豐碩的成果，同時也能從錯誤中學習。

二、教師可以問學生他們需不需要幫忙，如果需要，可以採用下方的措施：

A：問學生想不想把他們遇到的問題，放到班會議程中討論，這樣全班就能一起腦力激盪，找出有幫助的解決方法。

B：透過對話型的啟發式提問，幫助學生探索選擇及行為帶來的後果，這部分可以參考第三章的相關內容。啟發式提問的一系列回答過程，能夠以溫和的方式幫助學生為自身思考。

強加的邏輯後果，也就是懲罰，其目的是為了讓學生「為自己的行為付出代價」。相形之下，幫助學生了解行為背後的動機，以及行為帶來的結果，則是能讓學生從自己的行為學習。

正向教養並不贊同加諸外力控制，例如獎賞及懲罰等，而是專注在長期的後果上。正向教養的每項方法，目的都是為了教導學生自我管控，並且讓學生積極參與找出問題，進而解決問題的過程。

「拒絕使用邏輯後果，或至少降低使用邏輯後果」這樣的想法，對依賴獎懲制度的教育工作者來說，可能會是非常巨大的典範轉移。教師常常會問「為什麼不能用貼紙當作獎賞？反正學生也很喜歡啊？」或是「難道學生不用因為他們犯下的錯誤，到校長室一趟，或是起碼受到一點懲罰嗎？」

若不想把行為的結果強加在學生身上，就必須拋棄先前過度依賴的外在獎懲系統。已經有研究證實，獎懲系統不會帶來長期效益，所以應該轉而發展以相互尊重與自我管理為基礎的班級經營系統。

即便如此，在某些情況下，邏輯後果仍然適用，只要記住想享有權力，就必需負責。如果學生不想負責，那麼失去特權也是理所當然。

「３Ｒ１Ｈ」標準是個非常好用的方法，可以幫助教師決定某項結果是否是由行為自然產生，而不是經過偽裝的懲罰。如果結果能夠符合３Ｒ１Ｈ標準，對負責任的學生來說，就可以當成問題解決方法。

「3R1H」標準

- 相關性（Related）
- 尊重的（Respectful）
- 合理的（Reasonable）
- 有幫助的（Helpful）

讓學生體會自身行為的結果，對他們的發展來說相當重要，然而，教師與家長常常會出手拯救學生，導致學生無法從事情的發展過程中學習。假設有個學生忘記某樣東西，如果教師這時出來拯救他，學生就沒機會從忘記東西學到教訓。學生如果受到拯救，就無法發展對自身獨立解決問題能力的信心。

面對挑戰的四個選擇

一、首先拿一張白紙，分成四等分，在最上方留一點空間。然後想想最近和學生是不是有什麼衝突，把這項挑戰寫在最上方的空間中。

二、接著在四個區域的上半部，寫下四種不同的教養方式：懲罰、獎賞、邏輯後果、專注於解決方案。

三、再來在四個區域下方的空白處，寫下面對目前的挑戰，這四種教養方式分別會怎麼處理，最好想出一個以上的情況。

四、現在假裝自己是遭遇問題的學生，讀一遍剛剛寫下的各種方法，期間特別注意自己的想法、感受、及決定。

五、回到本書前言部份提到的「成果地圖」，檢視其中的「困難和挑戰」清單及「品格和生活技能」清單，並想想哪種教養方式，能夠幫助你學會「品格和生活技能」清單上的事項？有沒有哪一種方式，能夠引起你的動機，促使你積極面對「困難和挑戰」清單中所寫的呢？

許多教師完成上述的活動後，終於理解雖然獎懲制度看起來似乎暫時有用，但學生卻無法學習到我們希望他們具備的品格和生活技能。即便有時候妥善運用邏輯後果也能夠發揮效用，但在大部分的情況下，專注於解決方案才會帶來最好的長期效果。

全球教學現場案例分享

厄瓜多

正向教養為我的教室帶來了巨大的積極改變。我一直以來都對我的班級經營技巧，以及創造正向教室團體的能力，感到非常自豪。過去的情況大概是這樣：問題發生時，我和學生馬上以相互尊重的適當方式解決，如果需要的話，也一起處理附帶的後果。然而我們當時卻都沒有注意到，這些所謂的「後果」，常常演變成經過偽裝的懲罰。

參加正向教養工作坊後，我才理解我們其實沒有真的解決問題。確實，我們發現了問題，也找到方法處理這些問題，當然通常會有附帶後果，同時我希望學生有從這次事件得到教訓，然後就結束了。然而，我們並沒有專注在問題的根源上，而且學生在過程中也沒有太多參與。

現在所有的學生都知道，在我的課堂上，我們要尋找的是「真正的」問題解決方案。到了現在，解決方案幾乎全都來自學生，他們不僅對解決自身的問題相當投入，同時也能幫助其他人以尊重的方式，解決各自的問題。

在我改變方法之前，學生會帶著問題來找我，期待我會給予強制的後果，為他們處理問題。現在學生依然會帶著問題來找我，但他們的要求已變得完全不一樣了。他們現在會說：「老師，我和約翰已經討論過我們現在面臨的問題，但我們還是找不到解決方法，我可以把這個問題放進下一次的班會議程裡嗎？」正向教養這套新方法，改變了學生思考問題的方式。

四年級教師，傑瑞米·麥西斯（Jeremy Mathis）

實用小技巧

一、教師可以幫助學生探索不同選擇的後果。

二、當教師認為情況似乎可以使用邏輯後果時，務必確保情況符合「權利等於責任」這個等式，例如：

- 「只要你能跟我解釋，該怎麼以尊重的方式處理這個權力，你就能和朋友一起坐。」
- 「只要你能幫全班上一堂特別的課，我就讓你補交遲交的作業。」

三、只要情況允許，教師應該盡量採用專注於解決方案。

相關研究

學前教育基金會的社會情感中心（The Center on the Social and Emotional Foundations for Early Learning）是個國家機構，宗旨是向全國各地的學前教育機構發布相關的實證研究。該中心的研究指出邏輯後果的效用，特別是在和其他正向方法一同使用時，邏輯後果將更為有效。[97]研究對象包含來自不同種族與社經背景的高風險家庭，展現反抗或攻擊性行為，而且拒絕服從的學生。研究結果顯示，幫助學生理解自身選擇的原因及後果，同時體驗選擇的邏輯後果，將會為學生帶來明顯的長遠幫助。另一方面，研究也顯示，懲罰並不具備長期效益，但和邏輯後果相比，懲罰卻是最常使用的方式。[98]事實上，懲罰只會帶來恐懼，恐懼則會對學生的學習、動機、專注帶來負面的影響。另外，如果使用懲罰，那麼學生學習的目的，也可能只是為了取悅教師以避免懲罰，而不是為了自身的發展才學習技能及知識。至於體罰則是可能使學生懼怕懲罰者，同時也會對上學產生負面的感受與認知。

展現信心

教育工作者必須相信學生的潛能，同時運用各式的教學藝術，使學生發揮自身的潛能。

——阿德勒

對學生擁有信心是什麼意思呢？這並不是代表教師拋下學生，讓學生自行處理所有事，而是表示教師對學生處理問題的能力，擁有更多信心，即便學生可能會在過程中顯得有些掙扎。對學生擁有信心，表示教師了解學生能夠從這些掙扎中獲益、建立韌性、讓學生們了解自身具備的能力。最重要的是，對學生擁有信心，表示提供他們機會，讓他們得以運用深度的智慧與關心，來面對那些甚至連成人都覺得困難的挑戰。

現在我要閉上眼睛、把耳朵摀起來，然後衷心期待把我的椅子、辦公桌、還有黑板拿走的學生，能夠把這些東西搬回來。

教師可以透過認同學生的感受提供支持，並促進學生的思考，也能透過啟發式提問引導學生，可參見第三章動機型的啟發式提問及對話型的啟發式提問。教師並不是透過拯救學生、幫助學生處理問題、控制學生來展現信心，而是要讓學生積極參與，並在幫助學生以及問題解決的過程中，展現教師對學生的信心。

教師對學生展現信心的過程中，最困難的部分可能是耐心。因為在大多數情況下，直接幫學生解決問題，似乎是最快的方法，特別是如果教師相信所謂教學就是學生應該被動接受教師教導的知識，或是經常使用獎懲制度來解決衝突，那麼就更容易抱持這種想法。

德瑞克斯指出，如果教師真的對學生突破困境的能力擁有信心，那麼學生必然會知道。教師要適時讓學生感受到一點受挫，讓他們體會如何處理自己的感受，最終讓他們自行解決問題，因為學生在未來會需要這些重要技能。

教師如果要鼓勵自己以及學生，就必須擁有大量的信心，包括對自身的信心、對學生的信心、對正向教養這套方法的信心。閱讀下文的案例分享時，可以特別注意文中教師展現的溫和、堅定、以及她對自身、學生、和正向教養這套方法，所具備的信心。

全球教學現場案例分享

美國加州

在我的十年級英文課中，每周五都會進行單字小考，但上周我們特別忙，因此在課堂上就沒什麼時間練習周五小考的單字。學生在考試時，我通常會站在教室前方監考。

上星期五的考試中，班上的一個學生喬丹，很明顯就在偷看隔壁同學的答案，因此我走到他旁邊小聲跟他說：「你覺得除了這麼做，還有什麼方法可以拿到好成績呢？」他馬上就跟我道歉。

下課之後，其他學生都離開了，只有喬丹還留在教室，因為他很怕自己會因為作弊而受到懲罰，他告訴我：「老師，我真的很抱歉，我只看了一題而已，我保證我沒有看到別題。」

「好，那下周的小考你打算怎麼辦？」

「我保證我會更用功，我甚至還可以幫忙其他人！」

因此在下周的單字小考中，喬丹擁有高度的動機，努力想考好，之後他在我們的作業籃中放了一張紙，上面寫滿下周要考的所有單字，還附上每個單字的意思及例句，我問他為什麼要做這麼多額外的工作，他回答我他覺得學習很好玩，而且他真的很想每一題都答對。

中學教師、認證正向教養講師，黛安娜．洛依斯基（Diana Loiewski）

全球教學現場案例分享

法國巴黎

當我看見班上學生在學校以及家中的表現時，我覺得正向教養實在太棒了！我最近的課堂經驗真的很棒。三歲的馬可在休息時間推了朋友亞瑟一把，他推的超大力，導致亞瑟摔在樹枝上，還尿濕了褲子。監督休息時間的老師把這兩個大哭的小男孩帶回來給我，還跟我說：「我懷疑你的正向教養有沒有辦法處理這種情況。」

我問他們發生了什麼事，兩個男孩都在哭，所以我根本聽不懂他們到底在說什麼，於是我告訴馬可：「先回去玩吧，你感覺好一點之後再來跟老師說。」

馬可跑到外面繼續玩耍，我則開始幫尿濕褲子的亞瑟清理，五分鐘後，馬可跑回來跟我說，他想要跟亞瑟道歉。我問亞瑟可不可以，亞瑟說好，所以馬可跟他說對不起。接著我跟馬可說，他可以繼續回去玩了，但是過了五分鐘，他又跑回來問：「亞瑟還好嗎？我可以陪他一起清理。」我問亞瑟這樣可不可以，不久之後他們就一起坐在椅子上了，真的非常可愛！清理完畢之後，他們手牽著手又回到外面繼續玩耍。

教師、認證正向教養講師，娜汀·高汀（Nadine Gaudin）

上述的故事完美展示了成人常常會把事情搞得比實際上還要複雜，因為他們對孩子缺乏信心，除了針對意外發生時孩子的清白，也針對孩子同理他人及解決問題的能力。但故事中的教師娜汀卻能理解，在孩子運用理性思考，並在沒有成人介入的情況下自行解決問題之前，他們會先需要一段時間冷靜下來。不過當然娜汀在事前就已經花時間教導學生，讓他們理解擁有同理心並以彼此尊重的方式解決問題，有多麼重要。

全球教學現場案例分享

美國加州

某次班會中，有名學生提出了一個問題，希望其他同學能一起幫她解決，然而隨著她的解釋，我的心卻漸漸往下沉：「最近有件事很困擾我，我在星巴克遇見的咖啡師得了癌症，我希望可以幫她做點什麼。」我靜靜坐在一旁，努力克制自己的眼淚。

幸好我坐在圓圈的末端，所以是最後一個發言！大家輪流發言，全班同學踴躍提供為咖啡師加油打氣的方法，甚至想要幫她募款。這次和以前的狀況不太一樣，所以我們並沒有選擇究竟要採用哪個方案，而是把所有方案都試過一遍，並花了一整年的時間，想辦法送愛給這名咖啡師。最後我們募到足夠的金額，讓咖啡師能夠支付醫療開銷及房租，同時還送她一大堆卡片，而她也順利完成治療，現在身體已經沒什麼大礙。透過教導學生問題解決技巧，並對學生擁有信心，教師能夠提供學生機會，讓學生得以發展影響深遠的社會興趣。

家長、卡登學院（Carden Academy）教師、認證正向教養講師
喬伊．賽科（Joy Sacco）

全球教學現場案例分享

美國加州

我每年都會重新閱讀簡．尼爾森博士的著作《溫和且堅定的正向教養》（中文版由遠流出版），我也在我的蒙特梭利課堂中，運用尼爾森博士的「3R」原則，也就是相關性（related）、尊重的（respectful）、及合理的（reasonable）。另外，我每年也都會為學生的家長舉辦讀書會。

有項建議我永遠記得，那就是在事情變好前，肯定會先變得更糟。如果孩子身旁的成人設立的是合理的限制，並以溫和、堅定、客觀公正的執行，那麼不習慣這些限制的孩子，就可能會開始挑戰成人，看看成人是否會讓步。比起兩手一攤表示「正向教養根本不管用」，積極面對孩子的不適應，總是採用正向教養的過程中最大的挑戰，但正向教養帶來

的長期效益，卻遠比「頭痛醫頭、腳痛醫腳」好太多了，成人只是需要對孩子擁有多一點信心。

但最近我們三到六歲的班級，卻不斷在挑戰這樣的信心，當時我們才剛完成晨間時間的第一件事，一起吃點心。我的助理和所有學生一起在毯子區，她告訴學生：「等所有人都坐下準備好，我就會告訴你們該做什麼。」我們不知道接下來的情況是怎麼發生的，但突然有個學生在毯子上滾來滾去，在我們來的及反應之前，所有學生都失控了，不但模仿其他人的問題行為，也開始用自己的方式大鬧特鬧。於是我的助理只好說：「我要先離開了，等你們都坐好之後我再回來。」

成人們接著繼續做我們該做的事，同時卻也仔細傾聽、觀看、作筆記、以確保每個學生都很安全，不會受傷。偶爾我會走向學生，不發一語把某個危險物品從學生手中拿走。我們讓某些學生可以去喝水或上廁所，不過在全部的人坐好之前，大家都不能離開這個區域。我們之後請其中一名男孩跟一名女孩出來，因為雖然其他人很失控，他們仍然乖乖坐在原地，他們先開始今天的學習。另外還有一個學生今早也沒有到毯子區來，因為他比較敏感，所以戴著耳機在音樂聲中開始這個早晨。在這混亂的兩個小時中，沒錯，這場混亂持續了兩個小時，這名學生都戴著隔絕噪音的耳機在教室的其他區域學習。我自己則戴上耳塞，同時也讓另外兩名學生戴著好專心學習。

在這兩個小時間，學生四處跑來跑去、互丟襪子、追逐、爬行、大吼大叫、跳舞、扯衣服、推擠、攙扶其他同學、拿教具亂丟、四處打滾、摔倒、還有其他各式各樣的脫序行為。偶爾會有幾名學生大喊：「全部的人都坐好！」但是完全沒用，因為這樣喊的學生自己根本也沒有坐好。某個時刻有個學生說：「大家聽好，我們現在都是老師。」另一個人馬上回答他：「可是很難專心欸。」

這段混亂的時間中，真正的老師依然表現友善、溫柔、及關愛，但卻不想干預學生。我們的教室中有隻小牧羊犬，混亂中一直由老師們抱在手上。學習的學生繼續專心學習，老師也繼續陪伴他們。我的助理甚至坐下來在其中一個學生完成手上的工作時，念書給他聽。接著教室的噪音慢慢消退，就像海水退潮一樣，最終所有的噪音都不見了，學生們也都乖乖坐下。

助理和我見狀，回到毯子區，我交給助理板子跟鉛筆，她沿著圈圈一一詢問學生：「你覺得你剛剛有什麼行為參與這場混亂？」起初有幾名學生指著其他人「他做了這個」、「她做了那個」，但接著我們跟所有人說，每個人都有份，所以不要指責別人，只要管好自己之後，這樣的行為就停止了。接著，所有學生都誠實回答自己在這場混亂中，扮演了什麼角色：「我丟了襪子、跑來跑去追著其他人」、「我在圓圈裡跑來跑去，試著讓我的朋友坐到該坐的位置，還拉扯別人、大吼大叫」等等。最後我們問：「這場混亂是怎麼停止的？」所有學生都回答：「我們乖乖坐好。」我的助理告訴他們：「這就是我想要的答案。」

其中一名學生，先前曾看過老師為全班唸故事時，大家都會安靜聆聽，因此自告奮勇問他能不能幫大家唸個故事，這個舉動促使另一名學生也跟著自願。他們坐在圓圈中央的椅子上輪流幫大家念故事，所有人都很投入。

但這天最大的驚喜，出現在我跟午餐前就要離開的學生說完話之後：「放學時間到了，被我點到名的人，就來收拾東西，然後在門口排好隊。」許多學生回答：「老師妳是說我們可以回家了嗎？」我回答：「沒錯，但要留下來吃午餐的人，等我點名再去洗手。」有名學生問我她可不可以負責點名，接著她就以優雅又充滿信心的方式開始點名。

在這次練習之後，學生再也沒有發生類似的情況，他們總會彼此提醒之前的解決方法，接下來的日子學生們更有秩序，這是因為他們自己想要擁有秩序。

我和助理最近一起到加州托馬爾斯（Tomales）的藍山冥想中心（Blue Mountain Meditation Center）參與了一堂家庭課程，我在一篇由艾克納斯．伊斯瓦倫（Eknath Easwaran）所寫，標題為〈行動中的智慧〉（Wisdom in Action）的文章中讀到：「如果在我小時候，家長沒有對我說不，那麼我長大成人後，就不可能有辦法聽取別人的意見。在和孩子的關係之中，愛常常是在必要情況下拒絕孩子時顯現……如果我們沒辦法在必要情況下，向孩子說不，那我們其實是在助長他們的自私……只有當我們以適當的方法，從自我脫離出來後，才有辦法告訴孩子『只要你拒絕成為自私的人，我們就會盡力支持你。』並以此鼓勵孩子，用他們獨有的方式，完全發展自身的潛能。」

就像簡曾經提過的，不是羞辱，不是責備，也不是懲罰，而是充滿愛的限制。

紅穀倉蒙特梭利學園（Red Barn Montessori），安德烈．楊恩（Andrée Young）

實用小技巧

一、展現信心：「我對你們兩個有信心，你們一定能找到適用彼此的解決方法。」

二、避免拯救學生：「盡力嘗試，如果不行，我再幫忙。」教師如果了解學生其實具備足夠能力，就不要拯救他們，否則反倒傳遞了「教師對他們缺乏信心」的訊息。

三、提供選擇：「你想要在班會時向大家尋求幫助？還是使用選擇輪呢？」

四、運用鼓勵來對學生的能力展現信心：「雖然這非常難，但我發現你還是堅持不懈，沒有放棄。」

五、教師必須對學生擁有信心，相信他們在機會來臨時，能夠運用自身的能力，發展溫暖的社會興趣。

相關研究

羅森塔爾（Rosenthal）及雅各布森（Jacobson）於一九六〇年進行的研究，發現了教室中的「畢馬龍效應」（Pygmalion effect）。[99]具體說來，研究者發現教師的信念與期待，以及學生的潛能及學業成就間，具有顯著的關係。研究者在學年開始時為某所小學的所有學生安排了紙筆智力測驗，並假裝這場測驗真的能夠預測學生在智力上有大幅的成長，同時宣稱這項測驗叫作「哈佛習得影響測驗」。接著兩人隨機選擇了百分之二十的學生，並告訴老師這些學生屬於「平均以上」，不僅展現了「智力發展的特別潛能」，而且他們預測在學年尾聲，這些學生在學業上可能有「大幅成長」。不過事實上，由於是隨機選擇，所以兩人挑選的學生和學生實際獲得的測驗分數，完全沒有任何關連。接著在學年尾聲，研究者再次對所有學生進行測驗，結果發現，和其他沒有受到挑選的學生相比，這些由研究者隨意指定的「聰明」學生，在測驗分數上竟出現大幅度的成長。研究結果支持了最初的假設，也就是教師的信念與期待，會影響學生的學業成就。即便這些學生一開始只是由研究者隨機挑選，但教師對特定學生智力的期待，仍導致學生實際的測驗分數提高。

另外，前校園心理師暨波特蘭州立大學教授葉特文（Yatvin）也表示，羅森塔爾及雅各布森的研究，還有其他類似研究，都指出當教師對學生展現信心時，教師本身所具備的能力。[100]葉特文還指出，從各式多樣化的細節中，都能發現教師對學生擁有信心所帶來的正面效果，例如教師的微笑、表示讚賞的點頭、提供學生詢問及回答機會的意願、友善的聲調等，即便這些反應不是教師刻意為之，仍能以正面的方式影響學生的學業成就。

一視同仁

只要我們把所有學生當成同一個群體，讓他們一視同仁，那麼就可以克服團體內部的激烈競爭，以及隨之而來的負面影響。

——德瑞克斯

比起花費心力找出罪魁禍首，只要教師對學生們一視同仁，也就是讓他們同舟共濟，那麼衝突通常都可以順利解決。簡在擔任小學諮商師時，沒花多久時間就學會了這個道理。起初的情況是，如果有學生因為打架來到簡的辦公室，她會提供他們建議好解決問題，但卻從來沒有讓雙方都滿意過，因為學生只是想要表達「這不公平」，然後互相怪罪而已。

後來有次兩個男孩因為打架來到簡的辦公室，她才領悟這個道理。她告訴這兩個男孩：「我對你們有信心，

妳是在問我丟的是哪個紙團嗎？

我相信你們可以解決這個問題。所以我現在要先離開辦公室，等你們找出解決方法之後再來告訴我。」不到兩分鐘後，兩名男孩就找到解決方法了，其中一個男孩說：「我把他的衣服撕破了，所以我明天會拿另一件來給他，不過我不用拿新衣服來，因為我撕破的那件也不是新的。」

詢問學生想不想把問題放進班會議程中討論，也相當有幫助，班會不僅提供學生共同解決問題的技巧，同時也是練習這些技巧的好機會。學生們超愛這句話，還會一直不斷重覆：「你是想罵人？還是想尋找解決方案？」

德瑞克斯發現家庭中的小孩常會彼此合作，以尋求成人的關注或權力，這是問題行為背後的兩個錯誤目的。他藉此說明「一視同仁」策略的重要性。學校中的同儕也會有同樣的行為，彼此合作對抗老師。一視同仁讓學生同舟共濟，就能促使學生彼此合作，進而找出問題解決方法。

全球教學現場案例分享　美國加州

有兩位二年級男孩因為課後照顧來到我的教室，他們本來在地板上玩的好好的，突然間卻同時跳起來跑向我，彼此大吼著對方踢他。他們跑到我的辦公桌旁，焦急地為自己辯護，同時不忘彼此責備，也都試圖用自己的音量蓋過對方。

我告訴他們，不用這麼急著罵人，因為在我的教室裡，沒有人會有麻煩。我們會好好把事情說開，並且找個解決方法。接著我問他們，是否願意讓對方聽聽自己的意見，這樣才能一起找出解決方法。他們說好。

於是我給了他們一張學習單，上面寫著「我」句式供他們使用：「我覺得______，因為______，我希望______。」

我請其中一個男孩先開始，他當著另一個男孩的面大聲說：「我覺得很蠢，因為我說謊，說你踢我，我希望我知道怎麼解決這個問題。」

另一個男孩聽見後大笑，並回答：「真的好好笑，我不知道該說什麼。」

於是他們又跑去玩了，完全忘記剛剛的衝突。

卡登學院（Carden Academy）教師、認證正向教養講師
喬伊·賽科（Joy Sacco）

實用小技巧

一、教師不必在學生發生衝突時選邊站，而是要用相同的方式對待他們，也不需要個別稱呼學生，而是說：「你們兩位。」

二、提供選擇：「你們兩位想要去和平桌？用選擇輪？還是去積極暫停區呢？」

三、展現信心：「你們兩位想出彼此都同意嘗試的辦法之後，再讓我知道。」

四、班會議程：「你們兩位想把這個問題放進班會議程中討論嗎？」

五、在班會中練習問題解決，能夠讓學生學會共同解決問題的技巧。

相關研究

對學生一視同仁，讓他們同舟共濟這項技巧，能夠提醒教師，將問題交還給學生自行解決的重要性。教師的班級經營風格將會影響團體動力。勒溫（Lewin）、利皮特（Lippit）、懷特（White）針對團體領導的經典研究指出，以互相尊重及合作為基礎的民主式領導，能夠幫助學生積極參與合作式問題解決，而非單打獨鬥。[101]德瑞克斯在許多著作中也指出，教室中的團體動力完全符合勒溫的理論，德瑞克斯結合勒溫的領導理論，以及阿德勒學派的心理學，發展出一套民主班級經營的理論，能夠協助教師提供學生自由及秩序。另外，勒溫針對團體動力的研究也顯示，和獨裁式領導及放任式領導相比，民主式領導才是最適合的領導方式。具體來說，其研究展示了民主式領導如何使個體獲得歸屬感，同時促進學生間的共同解決問題。

留意語氣

太多時候，孩子的問題行為都是由成人使用的語氣所導致。

——德瑞克斯

身為成人，在某些情況下，你會不會突然發現自己說話的音量不小心越來越大，語氣也越來越不尊重？德瑞克斯很早就發現，教師和學生說話時，學生注意的大多不是說話的內容，而是教師使用的語氣。你或許也有過類似的經驗：如果學生都在吵鬧，教師可能會提高音量以控制秩序。但正向教養建議教師應該運用較柔和的語調，甚至是輕聲細語，來獲取學生的注意力，因為這麼做，就是在向學生示範安靜而且相互尊重的行為。

教師不妨聽聽自己或其他教師的講課，特別注意講課時的語氣。如果教師情緒上升，學生馬上就

把水槍拿來，我試著保持好心情，但你卻一直在澆熄我的好心情。

會從語氣中察覺，這也是為什麼本書末尾關於「照顧好你自己」的主題會如此重要。

在教師向學生傳達溫和與堅定的過程中，語氣是最重要的因素。過於堅定卻缺乏溫和的語氣，常常會引發權力爭奪；而過於溫和但缺乏堅定的語氣，則是會讓教師容易被學生佔便宜。

教師的語氣能夠向學生傳遞教師擁有的信心及信念。透過語氣，教師可以迅速認同學生的感受，當然另一方面也有可能會迅速讓學生陷入沮喪之中。充滿信任及鼓勵的語氣，能夠讓學生感到連結，這樣能有效地幫助學生獲得歸屬感與價值感。

而邏輯後果與懲罰之間的差別，在教師的語氣間也非常明顯：教師可以溫和且堅定地提醒學生，遲交作業可能會影響成績；但是如果教師的語氣充滿威脅，本來有效的邏輯後果馬上就會變成懲罰。教師必須記得，自身的語氣會大幅影響學生對學校及學習的感受與認知。

全球教學現場案例分享

美國北卡羅萊納州

我過去擔任中學英語教師，目前是校長。我經常會運用語氣這項正向教養方法。例如我發現，和犯錯的學生談話時，如果運用溫和的聲音與冷靜的語氣，就能讓學生擁有情緒釋放的空間，進而好好思索自己犯下的過錯。即便學生可能很生氣或非常沮喪，運用冷靜的語氣及較低的音量，也能化解這種情形。另外，對於了解學生選擇這麼做的原因，也非常有幫助。我想讓學生知道，我們都在努力解決問題，而且我也想讓他們參與到過程中。

例如有學生作弊，或是學生行為失當，我冷靜的反應就會讓學生了解，這裡非常安全，他可以用自己的方式解決問題。我也會運用下列的問題，像是「你能想像你這麼做，別人會有什麼感覺嗎？」或「這樣合理嗎？」等等，然後給學生一些時間，讓他思考出能對自己帶來幫助的回應。

學生作弊的原因，可能是因為家長的期望太高，他們無法負荷，也可能是因為他們沒有作好時間管理，或是因為他們想要幫助朋友，只不過朋友是以錯誤的方式尋求協助。而且學生通常不會發現「作弊對其他同學、教師、以及自身帶來的影響」。我通常會請作弊的學生寫一份報告，闡述作弊帶來的影響，同時也思考未來有什麼方法可以解決這個問題。

最後，所有學生管教的問題都必須以一句「關於未來的正面敘述」做結。我會確保自己告訴學生，從現在開始，我只會想到他們的優點，同時也對他們把自己的錯誤變成一次很棒的學習經驗，感到非常驕傲。

中學校長、大學先修課程英語教師，湯姆·杭柏（Tom Humble）博士

全球教學現場案例分享

厄瓜多

我徵得我們學校的五年級學生寶拉同意，在此和大家分享一篇她的論說文。她寫這篇文章的原因，是因為她的芭蕾舞老師朝學生大吼大叫。寶拉非常害羞，表達自己的意見時會很焦慮，因為她不想要犯錯，她也非常在意別人對她的看法。她是個完美主義者。我覺得寫下自己的經驗，對她來說非常有幫助。同時我也很驚訝，她其實可以好好表達自己的情緒，這讓我們對她有了一些更深入的了解。總之希望大家會喜歡她的文章。

國際美洲學院（InterAmerican Academy）心理師、認證正向教養講師
卡琳娜．布斯卡曼德（Karina Bustamante）

老師不該大吼大叫

為什麼舞蹈老師要大吼大叫？可能只有他們自己知道吧。是因為他們不喜歡學生跳舞的方式，然後覺得朝學生大吼大叫能讓學生跳好一點嗎？我也不知道。我知道的只有他們根本不該大吼大叫，因為這樣完全不會讓情況變好。

針對老師大吼大叫這件事，我思考了非常久，因為我真的不喜歡這樣。我自己就是被吼的學生之一，感覺超級不好，所以我決定在我的作文裡探討這個議題。我想證明大吼大叫真的不會讓事情變好。

通常老師大吼大叫的時候，學生根本不會聽他們在說什麼，不然學生就是只會在老師大吼大叫時才認真聽。老師只要一轉移注意力，學生就會繼續做自己的事。這是因為學生只有在自己想要的時候，才會表現得乖乖的，老師對學生越好，就會有越多學生想要乖乖的，因為他們喜歡這樣的老師。

雖然舞蹈老師偶爾會因為學生的失控行為大吼大叫，但在大多數情況下，他們大吼大叫不是因為這個，而是想要讓學生跳得更好。他們會在你跳舞的時候大吼大叫，指出你的錯誤，我相信如果他們不要這麼做，只要在我們跳完之後，好好告訴我們該怎麼改進，那麼學生就會願意聽老師的話。

大吼大叫對學生的行為會產生負面影響，因為學生可能會習慣老師大聲才願意聽話，這會使得學生只在老師大吼大叫時才認真傾聽，最後老師也只會用這種方式教學了。

而且有時候大吼大叫會讓老師變成一個討厭的老師，老師越常大吼大叫，學生就越討厭，這會導致學生失控或是不聽老師的話，因為他們不喜歡這個老師，這麼一來，老師就更難獲得學生的注意力了。

你覺得老師們看過自己大吼大叫的樣子嗎？大概沒有吧。但他們應該好好瞧瞧的。這樣他們就會知道，他們看起來有多糟，又有多麼粗魯。即便這只是大吼大叫造成的其中一個小問題，還是會讓學生真的很討厭自己的老師。

大吼大叫不僅非常粗魯，同時也是一種虐待，朝小孩大吼大叫會讓他們腦袋壞掉，這甚至比體罰還要嚴重，有些專家表示，大吼大叫會影響小孩的安全感跟自信心。

大吼大叫對學生造成的其中一項影響就是無法專心。長時間處於大吼大叫狀態下的根本沒辦法專心，沒辦法專心可能會影響學生的學習，或是影響學生跳舞。這是因為如果學生沒辦法專心，就沒辦法迅速學會怎麼跳舞，也記不住舞步，總之就是非常不好。

五年級生，寶拉，莫雅諾（Paula Moyano）

全球教學現場案例分享

美國亞特蘭大

一九七一年我從大學畢業，很快就得到第一份教學工作，讓我非常興奮。更幸運的是，我還有一位很棒的校長，他告訴我：「你受不了，想要大吼大叫的時候，記得輕聲細語。」我在之後三十七年的教學生涯中，一直謹記著這句話。而且我每次運用這個「輕聲細語技巧」，也都收到不錯的成效。這個技巧讓我保持冷靜，同時也能以身作則，就算是教導最難處理的幼兒園學生，依然不會失控。如果我發現實在無法獲得學生的注意力，我不會大吼大叫，也不會疾言厲色，而是會把一本厚重的書丟到地上，這樣所有人就會在一轉眼間安靜！

退休幼兒園教師，喬蒂．戴文波特（Jody Davenport）

實用小技巧

一、教師的長期目標是要鼓勵學生，因此更要注意平常使用的語氣和語調。

二、隨著教師或坐或站，以對上學生的視線，留意自己使用的語氣也會跟著改變。

三、留意自己的臉部表情及肢體語言，因為兩者都會影響語氣。

四、如果教師發現自己使用的語氣，好像越來越不尊重，可以跟學生道歉，學生大都非常寬容。

五、教師不需要對自己有太大的壓力，在開口前可以先做個深呼吸。

相關研究

腦神經成像顯示，比起成人實際說話的內容，孩童對成人使用的語氣有更大的反應。[102]研究者發現，即便是熟睡的嬰兒，對不同的語氣也會有不同的反應。葛拉罕（Graham）、費雪（Fisher）及菲佛（Pfeifer）曾針對熟睡嬰兒的聽覺進行研究，研究結果顯示，不同語氣中含有的情緒，會引發不同的神經訊息。研究也已證實，如果「語氣」與「言詞」傳遞的訊息相互矛盾，會影響孩童的自信心與安全感。[103]研究同時也支持語氣帶來的其他正面影響，例如教師運用充滿支持的積極語氣，不僅能夠促進學生的合作，也能提升學生的學業成就。

運用幽默感

學習發生在遊戲之中，和成功及失敗沒有任何關係。

——德瑞克斯

身為教師，你曾否發現如果在課堂中妥善運用幽默感，就能迅速促進問題解決？幽默感能夠幫助學生脫離攻擊、逃跑、僵住等負面狀態。

我們聽說有些老師會站在講桌上、戴著滑稽的帽子或是小丑鼻子、甚至直接躺在地上，希望把幽默感帶進當下僵持的狀況。這種幽默未必適合每位教師，仍然是相當有趣。有些教師則是會以笑話或好笑的卡通來展開課程。

在此我們強調的是「適當」的幽默感。教師千萬要注意，幽默感不能讓任何人覺得不舒服，適當的幽默感能幫助學生獲得新的觀點，而且也

你要找的書《不念書也能拿高分》，放在那邊的奇幻文學類。

常常能以歡笑驅趕怒氣。

透過刺激大腦掌管學習方法的部位，幽默感也能促進學生的學習，這就是為什麼我們在每個章節都堅持放上有趣的漫畫，因為我們的宗旨是「快樂學習」。

當然，幽默感不只是為了解決問題而存在。接下來的「相關研究」段落裡可以看到，有效運用幽默感的教師，也能獲得學生的尊重與喜愛。

全球教學現場案例分享

美國北卡羅萊納州

在中學教授文學，讓我有很多機會可以展現幽默，不管你是不是天生具備幽默感，只要老師享受自己的教學，那麼學生就會理解，他們也可以很享受。有了這樣的理解之後，就會為學習過程帶來歡樂，同時讓學生沉浸在學習經驗中。

我記得有次我向學生解說文學作品人物角色常見的動機，往往來自角色本身的不安全感。這時一個聰明的學生，或許是想讓我知道我過度簡化了這些複雜的角色，問了一個問題：「所以你的意思是大家都缺乏安全感囉？」

賓果！「沒錯，對，我是這麼說，我自己也很沒安全感。」

我試圖用這句玩笑話來耍點幽默，並為課堂激發一些討論，因為在課堂上老師通常都是對的。因此我們在課堂上對成長心態開了些小玩笑，這是全校老師共同的目標。有時候我犯錯時，會有很糟糕的反應，但我仍試圖向學生示範幽默感。

雖然現在我的學生會拿成長心態來開玩笑，但這些玩笑卻為他們帶來自由的感覺。如果我們要讓學生成長，那麼學生就有權自由開玩笑、承擔風險、並且理解其他人的錯誤，而不是一味責備犯錯的人。

我發現充滿笑聲的課堂，會為學習帶來樂趣，因此我追求的除了學生表示理解的「啊哈」時刻，還有學生開懷大笑的「哈哈」時刻。

中學校長、大學先修課程英語教師，湯姆．杭柏（Tom Humble）博士

實用小技巧

一、如果教師可以將幽默感，連結到可以傳遞「做的不錯，但再試試看」的無聲暗號，例如眨眼或是微笑等，那麼這樣的結合將會帶來很大的幫助。

二、教師可以鼓勵學生準備笑話或是有趣的漫畫來和全班分享。

三、教師對不適當的幽默要非常敏感，例如嘲諷或是羞辱等。

四、教師可以運用角色扮演活動，來教導學生如何運用幽默感，有時候可以誇張一點也無妨。

相關研究

研究顯示，如果教師可以有效運用幽默感，學生就能獲得許多好處，例如和教師擁有更深的連結，在學習上也會更為進步。另外，相關研究也指出，教師展現適當的幽默感，不僅能夠增強學生的動機，也能促進學業成就的發展。[104]事實上，學生自己也表示，比起教師的智力，他們更加重視教師的個人特質與社交技巧。學生顯然非常重視教師的幽默感，其他研究也支持，如果教師能夠運用幽默感，建立積極的學習環境，並願意和學生同樂，那麼就能為學生帶來助益。[105]

決定自己要做的

貫徹始終。如果你已經設下限制，就不要隨意更改。如果你已經說『不』，就要言出必行，不要改變心意。

——德瑞克斯

正向教養這套方法不斷強調讓學生參與問題解決過程、認同他們的感受、問他們問題、了解他們的行為、和他們建立連結等等。但是身為教師，你是否曾懷疑過：「那麼老師自己呢？」

事實上，上述的一切都跟教師有關。讓學生參與選擇，不僅可以降低問題行為發生的頻率，也能提高教師這份工作的樂趣。學生受到鼓勵時，教師本身也會受到鼓勵。

當然也不一定總是需要學生參與，教師可以自

訓練學校還可以啦，但老師用懲罰來處理我的不當行為，所以我從來沒學會任何如何長期控制自己的行為，只好繼續汪汪叫忽略命令囉。

行決定該做什麼，之後溫和且堅定地告知學生，接著同樣溫和且堅定地執行。注意「溫和且堅定」中的「且」，如果教師能讓學生多多參與當然最好，但還是要相信自己的判斷，相信自己知道讓學生參與最好的時機。

有一次本書作者簡去觀察一個四年級的班級，發現學生有點不專心，教師此時變得非常安靜，默默看著教室後方的牆壁，牆上有個時鐘。學生開始竊竊私語：「她在算時間了，安靜啦。」不久之後所有學生都安靜地坐在座位上，教師終於恢復上課。之後簡問這位教師：「你會數多久？數到之後又會怎麼做呢？」教師回答：「哦，我不是在數數啦，我只是決定他們如果還沒準備好，就不要開始上課。他們以為我在數數，所以就會慢慢安靜下來，這招很有用。」

「決定自己要做的」這項方法，能夠協助教師運用溫和且堅定的班級經營策略，研究也證實，這樣的策略可以提升教師的效能。

全球教學現場案例分享

美國伊利諾州

每個老師都有難以忘懷的教學經驗，我的經驗則是發生在一群超聰明又充滿創意的一年級生身上！這群一年級生中，大部分的孩子都是長子或是獨子，所以他們很習慣掌控全場。我記得那時我常覺得，他們安排的課表比我安排的還好！

但每天放學之後，我都會覺得精疲力盡，喉嚨發癢，連話都說不出來，因為我一整天都在和這群學生比大聲。所以我決定試試看不同的方法，比起試圖改變孩子們的行為，我不如決定自己該做什麼。

我從家裡拿了一些書來，並告訴學生，我不想再跟他們比大聲了，只要他們不聽我說話，我就會走到辦公桌，把書拿出來讀，直到他們準備好繼續上課。

他們看起來有點驚訝，彷彿我只是先警告他們，我之後會採取的行動，接著他們就乖了。不過，當然沒有這麼美好。不久之後，有些學生就開始干擾課堂，聊起天來，還越聊越大聲，使我差點忘了我的計畫。幸好，我在提高音量跟他們吵架之前，還是適時制止了自己。我回到辦公桌，拿出我借來的書開始讀。天啊，真是享受啊！

才過了一會兒，學生們就注意到我的舉動，於是一陣「噓」從幾個比較活躍的孩子口中傳出，所有人慢慢安靜下來。我又等了一分鐘，接著靜靜放下書回到班級中，對他們剛才的行為沒有任何評論。

我非常驚訝，因為我的舉動迅速改變了學生的行為。我不僅尊重自己，也尊重了其他人，同時也替自己補充了一些能量。這次的事件為處理班級噪音與干擾，立下了良好典範。而對我來說最棒的部分，就是在放學後為自己正確的舉動感到非常自豪。

前茂盛樹叢學院（Blooming Grove Academy）院長、認證正向教養講師
迪娜・安舍（Dina Emser）

全球教學現場案例分享

美國波特蘭

班上有次自由活動時間中，有個名叫艾德南的四歲小男孩，一直破壞其他學生努力堆好的積木，而且還很自豪。其他同學或老師都試圖阻止他，他也不斷承諾之後會改進，不過卻沒有任何效果。

最後一位接受過正向教養訓練的老師告訴他：「艾德南，你知道你的朋友都很氣你嗎？雖然我無法阻止你破壞積木，只有你自己可以，但我還是跟你說一下我之後會怎麼做。如果你再繼續破壞其他人的積木，我會請你到教室其他地方去玩耍。」

說完之後，老師還確認了艾德南是否明白，艾德南也清楚覆述如果他再破壞別人的積木，他就得到其他地方去玩。

但幾分鐘之後，艾德南又重蹈覆轍。於是老師冷靜地靠近他並告訴他：「艾德南，我需要請你到別的地方去玩了。」艾德南看起來一臉震驚，一邊大叫他真的不會再破壞積木了，老師冷靜地重申他必須到其他地方玩，這時艾德南試著衝過老師跑回到積木區，但老

師先一步擋住他，指著教室的其他地方。

大哭的艾德南只好到其他地方去玩，可是幾分鐘後，他又跑來問老師可不可以回去積木區，老師回答他午餐之後才可以，同時也問他，回到積木區之後，他的舉止是否會有不同。艾德南回答：「我不會再破壞積木了。」老師非常聰明，繼續問他那他該怎麼做，艾德南回答：「我會問蕎西，看她需不需要我幫忙一起堆。」

午餐之後，艾德南和蕎西果真一起在堆積木。

特教老師、認證正向教養講師

《跟阿德勒學正向教養：特殊需求兒童篇》共同作者

史蒂芬．佛斯特（Steven Foster）

全球教學現場案例分享

美國加州

我特教班級中的男孩們常常用跑的去吃午餐，一路跑過穿堂前往餐廳，有天我跟他們說：「如果你們再用跑的，我會請你們回來教室，重新用走的過去。」那天吃午餐時，我跟著男孩們前往餐廳，發現他們又用跑的。於是我站在他們面前，溫和且堅定地提醒他們我說過的話，他們當然開始抱怨，我搖搖頭，指著教室的方向，然後說：「重來一次。」雖然他們面面相覷了一會兒，嘴巴上也不停抱怨，但最後還是走回教室，然後再重新走來餐廳。

四、五年級特殊教育助理、認證正向教養講師
傑奇．費里曼（Jackie Freedman）

實用小技巧

一、雖然讓學生參與決定，通常是最有效的方法，但有時候仍是該由教師自行決定該做什麼，例如以下情況：

- 「我會在每周一公布一整個禮拜的作業，準時交作業的人能夠獲得全部的分數。」
- 「你們準備好開始學習之後，我才會開始上課。」
- 「放學後我還會在教室多留半小時，如果你們有問題，可以這個時候來問。」

二、教師一定要確保自己言出必行，可以參見第五章的「達成協議、貫徹執行」。

相關研究

教室導向的研究運用謹慎的觀察、描述以及評量，來為教師找出有效的課程計畫。[106]沃克（Walker）在研究中指出，教師擁有適當權威的班級經營風格，對學生的學業及社交發展，有正面的影響，學生在這樣的班級中，通常會擁有更高的學業成就。由於注重師生關係以及清楚的秩序及課堂架構，這種風格的特色通常是溫和且堅定的教養方式。沃克同時也指出，擁有適當權威的教師，能夠降低輟學的比率。[107]其他研究則顯示，放任消極的班級經營風格，對學生的學業成就、社交及情緒發展，會帶來負面的影響，這種風格的特色是教師過於溫和，欠缺堅定，同時也缺乏課程計畫。[108]

不反擊學生回嘴

衝突發生的當下，多說無益，有效的只有行動。

——德瑞克斯

看下方的漫畫圖說後，你可能會問：「真假？學生叫我去死，然後你要我找出他的言外之意？我必須清楚讓學生知道，他不能這樣跟我講話。」

我們了解這麼做非常困難，就算有時候學生說的只是一些不那麼嚴重的話，例如「這作業好白癡喔」，老師也很難不回嘴，讓學生知道誰才是老大：「好啊，你可以直接去跟校長說！」

既然我們不是聖人，那麼我們該如何避免回嘴呢？

練習一些相關技巧會很有幫助。第一個技巧就是試著聽出學生的言外之意，並找出問題行為背後的

如果想和學生好好溝通，就要學會找出學生的言外之意。

信念。學生真的是在說「我受夠被控制了，所以我拒絕被一個不能傷害我的人控制」或是「如果你不尊重我，那我也不必尊重你」嗎？又或許學生的感受跟教師一點關係都沒有。學生會向你回嘴，只是因為他在外在世界受到太多傷害，而他覺得你的教室是唯一安全的地方，能夠讓他發洩這些情緒。

針對學生的言外之意，我們還可以有好幾百種猜測，但你現在應該知道我們的重點何在，是行為背後隱藏的信念。只要教師能夠找出行為背後的信念以及學生對歸屬感的需求，那就更能鼓勵學生。沒錯，回嘴背後隱藏的訊息是某種需求，可能是歸屬感的需求、認同的需求、連結的需求、希望的需求、技能的需求等。因此上方的漫畫圖說也可以改寫成：「……就要學會找出學生的需求。」

教師如果再對學生回擊，那就是在向他們示範同樣讓人生氣的行為，因此教師應該來個深呼吸，準備好發現學生的需求，並向學生示範尊重及關心。

下方的活動可以讓教師多注意自身的回應，並提供一些可供教師練習的積極回應。首先我們會介紹典型的回應，接著再介紹可以讓教師及學生一生受用的回應。

現在先假裝你是個學生，並且注意自己針對以下回應的想法及感受。

一、「別那樣跟我說話，小姐！」

二、「你覺得你這張嘴能帶給你多少幫助？」
三、「你給我出去！學會尊重之前不要回來教室！」
四、「你待會兒不准下課，給我坐在反省椅上，坐到你準備好道歉為止。」
五、「你不如把紅燈色卡寫上名字好了。」
六、「罰寫『我以後要尊重老師』五百遍，明天早上交。」

如果你是學生，聽到老師這樣的回應，你會怎麼做？會想合作？反抗？退縮？還是報復？通常會是後三個選項。

現在再度假裝你是學生，接著想想針對以下的回應，學生又會如何反應？

一、「嗯……我在想我是不是做了什麼，你才會這麼生氣。」
二、「哇！你真的很生氣，你願意跟我多說一些嗎？」
三、「我需要先冷靜下來，作幾個深呼吸，這樣我才能用尊重的方式對待你。」
四、「你覺得要怎麼做才能幫助我們？到積極暫停區嗎？還是把這個問題放在班會議程中討論？」
五、「我了解你生氣的感受，我很高興在我們冷靜下來之後，有辦法可以解決問題。」

六、「你知道我真的很在乎你嗎？」

如果你是學生，聽見上述這些回應之後，你會有什麼想法與感受？又會決定怎麼回應呢？我們希望學生能夠得到歸屬感，或是覺得受到鼓勵，進而願意改變自己的行為。

來自簡的案例分享

有次在工作坊進行一場「了解偏差行為背後的信念」活動之後，我們正在中場休息，這時一位八年級老師回到他的教室，看看代課老師的情況怎麼樣。回去的路上，他看見兩名學生在爭吵，而他試圖平息紛爭時，其中一個學生朝他罵了句髒話。

但這位老師沒有爆發，反而溫柔地拍拍學生的手臂，並跟學生說：「我看的出來你很生氣，陪我走走吧。」

學生甩開他的手，不過仍然跟在老師背後半步左右，老師接著說：「我猜你因為某件事覺得很受傷，想跟我聊聊嗎？」

或許學生是因為老師沒有處罰他，還向他表示善意而感動，也可能是因為別的理由，總之他開始落淚，並告訴老師他和兄弟的爭執讓他有多生氣，生氣只是受傷的偽裝。

老師只是靜靜傾聽，直到學生宣洩完畢，慢慢冷靜下來。接著老師說：「你知道我從哪裡看出來你很受傷嗎？你罵我髒話的時候，我也很受傷，但我知道除非你真的很受傷，需要發洩的管道，否則你不會講這種話。你覺得和我說話很安全，而且也知道我很在乎你，讓我覺得相當高興。你想不想放學後再和我聊聊呢？我們可以一起想想看有什麼方法可以幫助你。」

老師回到工作坊後，向我們分享了這個事件，他請大家一起腦力激盪，想想放學晤談時他可以和學生說什麼。參加工作坊的老師想到了許多方法，例如製作憤怒選擇輪等，但最後這位老師認為，最好的方法其實就只是花些時間，和學生聊聊他的興趣。除非學生主動提起，否則老師甚至也不會提到那場讓學生心情不好的爭執。專注在生活中正向的事物，能夠幫助學生了解，他有能力對兄弟的嘲弄置之不理。同時，這名老師也對鼓勵帶來的力量，有了更深入的了解，透過特別時間鼓勵學生，能夠促使學生改變他的行為。

實用小技巧

一、教師如果反擊學生回嘴，進而陷入爭執，那麼就是對他們想教導學生的事物，作了完全相反的示範。

二、即便非常困難，教師仍應盡量避免認為學生回嘴是針對自己。

三、教師可以想像學生穿著一件衣服，上面寫著「我很受傷，請認同我的感受，而不是我說的話。」

四、教師也可以告訴學生：「噢，我覺得有點受傷，而且也不太受到尊重，我需要一點時間冷靜下來，之後我們再繼續討論。」

五、在教師冷靜下來，並發現行為背後的信念之後，務必要回頭和學生討論。

相關研究

在學生的想法中，所謂有效率的教師，就是不會嘲諷學生，或是不會讓學生在同儕面前陷入尷尬處境的成人，但如果教師選擇反擊，那麼就很有可能讓學生非常尷尬。另外研究也顯示，教師運用積極和反映式傾聽技巧的能力，可說非常重要。學生認為好的教師應該要專心聆聽學生說話，同時也在乎他們。教師如果能和學生溝通，並以相互尊重的關心態度回應學生，那麼就能直接促使學生成功，特別是在學業成就上。[109]

控制你的行為

光是改變自己，我們就能改變人生以及周遭人們的態度。

——德瑞克斯

身為教師，你是不是曾經希望學生能夠控制他們的行為，但同時你卻沒有控制自身的行為呢？我們不是要苛責教師，而是要讓教師了解：我們常在花時間冷靜下來，仔細思考之後，才發現自己剛剛的行為非常不適當。

老師不是完美的，學生當然也不是。問題發生時，大家都很容易失控，因此我們需要學習控制自己的方法，以及修補錯誤的道歉技巧。如同本書多次強調，只要教師願意花時間真誠地道歉，那麼學生通常相當寬容。

大家常常會說「懂得越多，做得越好」，不過這句話並不是百分之百正確。有時候雖然我們理

我抽到的籤寫說:「如果你能夠先控制自己的行為，那麼你也能讓學生控制他們的行為。」

解，但仍是會反應過度，當時腦袋一片空白，忘記自己學過的所有事物。而在冷靜下來之後，我們又常常對自己太過苛責。這時就可以參考第二章的「從錯誤中學習」以及一一六頁的「修復的 4 R」原則，教師不僅可以自己運用這些原則，更應該教導學生使用。由於最終目標不是要讓每個人都變得完美，而是有進步就好，因此教師仍然可以教導學生一些自己尚未非常熟悉的技巧，例如完美的自制等，同時也能藉此示範從錯誤中學習。

教師自己需要冷靜時，可以跟學生說你需要積極暫停一下，從當下的情境暫時脫離，並在試圖解決問題前先集中精神。如果真的沒辦法暫時離開，那麼可以試試看慢慢數到十或是作幾個深呼吸。

冷靜下來後，教師應該向學生道歉，透過道歉，教師可以在教室中創造連結與信任，在這樣的氣氛下，就能和學生共同尋找解決方法。只要教師示範開放的學習態度，那麼學生也會仿效，進而專注於問題解決。

全球教學現場案例分享　美國加州

我們的幼兒園有志工家長參與的制度，而為了幫助志工家長在忙碌的教室裡控制自己的行為，有個好方法，那就是讓家長們知道，當自己的孩子和其他人發生衝突時，他們可以暫時和其他家長「交換」好休息一下。

我們的教室中有多達二十四名活潑的學生，因此有許多機會可以幫忙學生解決衝突。許多家長都承認，當自己的孩子陷入衝突時，他們會覺得壓力更大，也更容易「失控」。很多時候他們的「直升機父母」心態會突然出現，因而影響教室的氣氛。

因此在我們的家長班會中，所有人都達成共識：如果自己的孩子陷入衝突，那麼最好暫時迴避，請其他的家長或老師來幫助孩子解決衝突。家長這時可以到教室的其他地方去，稍後再回來。這個辦法也為家長帶來了安全感，因為他們知道自己可以暫時迴避，不用擔心其他家長對他們有負面看法。這樣也建立了成人間互相支持的文化，並幫助所有人控制自己的脾氣跟行為。

阿爾瑪丹家庭式幼兒園（Almaden Parents School）認證正向教養講師

川上凱西（Cathy Kawakami）

實用小技巧

一、教師必須記得，以身作則是最好的教學方法，所以多花點時間思考自己示範的行為吧。

二、就和學生一樣，大部分教師的行動都未經思考，只是衝動反應。教師可以準備一張記錄表，連續一個禮拜紀錄讓自己衝動反應的時間及情況，藉此提醒自己，三思而後行。

三、教師發現自己衝動反應的時候，可以運用特定的方法控制自己的行為，最好挑選一個學生也很容易學會的方法，例如深呼吸、數到十、把手放在胸口等等。

四、教師如果真的失控，仍是可以透過道歉彌補，可參見一一六頁的「修復的4R」原則，以及第五章的「了解大腦如何運作」。

相關研究

提出社會學習理論的心理學家班度拉（Albert Bandura）指出，人類大部分的行為都是透過觀察他人而來。[110]班度拉的經典研究，證實了正向教養方法中的「控制你的行為」確實非常重要，他的研究顯示學生如何觀察周遭成人的行為，進而模仿這些行為。班度拉最有名的研究，以七十二名年齡介於三歲到六歲的孩童為對象，男女各半，同時還有一男一女兩名成人，當成孩童的模仿對象。孩童首先觀看兩名成人展現攻擊行為的影片，接著獨自來到一間和影片場景類似的房間，研究者發現，孩童模仿了他們在影片中觀察到的行為。[111]

班度拉的社會學習理論，也影響了教學方法。針對有效教學方法進行的研究，已證實模仿是相當有效的教學方法，無論是在學業上或是社交及情緒發展上，都是如此。另外，研究也指出，模仿這項方法不僅能夠應用在不同學科中，也能應用於不同年級、學習程度不同的學生身上。[112]哈柏（Harbour）、伊凡諾維奇（Evanovich）、茨威加（Sweigart）、及休斯（Hughes）等人，則是針對和學生成功有關的實證研究，進行了廣泛的文獻探討，結果指出，模仿不僅能夠提高學業成就，也能促進社交行為發展。[113]

教師互助解決問題

如果人類了解如何用自身的智慧造福人群，那麼就能達到天堂的境界。

——德瑞克斯

教師獨自在教室中教學，常常會覺得自己無法獲得支持。教師不常向同事尋求協助，因為害怕失去專業形象（等於承認自己不知道怎麼處理教室中的衝突）。教師互助方法由琳．洛特（Lynn Lott）和簡．尼爾森共同發展，是一套包含十四個步驟的過程，透過這套過程，教師可以學會在正向的氣氛中彼此支持。教師在過程中也能學會和問題行為背後信念相關的知識，以及許多鼓勵學生的特別方式。

教師互助這套方法非常有用，許多教師都很喜歡他們在學習正向教養講師認證工作坊中，透過練習這項問題解決技巧，所獲得的額外幫助。如果教師想和

身邊的同事一起練習，可以運用下列步驟來帶領教師互助流程。有關學校正向教養講師認證工作坊的最新資訊，則可參見https://www.positivediscipline.org/。

教師互助解決問題步驟

一、邀請另一位教師坐在你身旁，向他解釋教師互助解決問題步驟是什麼，現在他就成為了你的助教！

二、請負責記錄者把教師的名字、任教的年級、以及他想幫助的學生以化名紀錄在表格中。

三、請教師為學生的問題下一個類似新聞的標題，不要太長，接著請其他擁有相同問題或感受的教師舉手。這個舉動可以鼓勵自願尋求幫助的教師，你也可以順便指出這麼做能夠幫助到多少人。

四、請教師描述上次衝突發生的情況，最好提供足夠的細節，以便進行大約一分鐘的角色扮演。為了幫助教師想起細節，可以問他：「你那時做了些什麼？說了些什麼？學生又是怎麼回應？接下來發生了什麼事？」

五、詢問教師：「你有什麼感覺？」如果他沒辦法說出自己當時的感受，或是只說

「我覺得很受傷」，可以運用第一章錯誤目的表第二欄的感受欄位，請他從中選擇最接近的情緒。之後問其他教師：「有多少人也有相同感受呢？」

六、之後運用錯誤目的表第一欄，來找出學生的錯誤目的，並用第五欄找出行為背後的信念。不過也別忘了提醒大家，這只是一個假設，然後趕快進入下個步驟。

七、詢問遭遇問題的教師：「你願意試試看新方法嗎？」

八、開始角色扮演。邀請教師扮演學生，並徵求志願的其他教師扮演其他角色，例如衝突中的另一名學生，以及兩三名旁觀者等，接著以剛才描述的情境進行角色扮演，可以用比較有趣的方式呈現，或是稍微誇張一點。

九、當大家已經花足夠時間體驗情境下的感受後，就可以暫時結束角色扮演，通常不會超過一分鐘。接著一一詢問參與角色扮演的教師，從扮演學生的教師開始，問問他們在角色扮演時的感受、想法及決定。

十、請大家一起腦力激盪，思考可以使用什麼方法解決問題，記錄者應詳實紀錄所有建議。在腦力激盪過程中，可以參考錯誤目的表的最後一欄，請每位教師運用自身的智慧及經驗提出建議，也可以參考正向教養教師工具卡（https://www.positivediscipline.com/products/teacher-tool-cards）。

十一、請志願的教師選擇一個方法嘗試——即便他認為自己已試過所有的方法了。

十二、接著再度回到角色扮演，這次則是模擬教師選擇的方法，教師只要扮演自己就好，以便真正的練習。不過如果教師選擇的是懲罰，就讓他扮演學生，這樣他就能體驗學生的反應。角色扮演結束後，詢問參與角色扮演的教師，他們在角色扮演時的感受、想法及決定，同樣從扮演學生的教師開始。

十三、請志願教師用一個禮拜的時間，試用這次決定的方法，之後再向大家回報情況。

十四、最後請所有人感謝今天的志願教師，並且詢問大家，在今天的活動中學到什麼？有沒有學到自己也可以使用的方法？

教師或許可以從人數較少的團體，例如兩到三人，展開練習，以便熟悉上述的步驟。不過在大多數的情況下，可能都無法照著步驟來，因為大家總是不斷提供資訊，並且試圖分析所有的細節。但在阿德勒學派的心理學中，其實有個原則叫作「整體觀」，意思是所有細節都和整體有關，換句話說，我們應該避免過度的分析。重要的是，如果教師能夠處理以角色扮演方式濃縮呈現的某個小問題，而且找到這個問題的解決方法，整體狀況就會跟著改變，大問題的答案也會變得更清楚。只要按照這十四個步驟進行，即便最後的解決方法無法解決問題，所有人還是都能擁有新的體會，也能學到鼓勵學生的方法。

上述的十四個步驟是按照阿德勒的理論所設計，已有三十年以上的實務經驗。只要教師持續練習，就能學會如何運用這套方法，並在方法的架構之下，找到自己的發揮空間。

如果角色扮演活動的參與者能夠表現得非常自然，而不是一直照著台詞走，就能從中獲得更多的資訊。例如有次在運用這套幫助教師解決問題步驟時，簡扮演一名教師，面對的問題是一個頑固的孩子，完全不想理會老師的合作意願。簡在這次的角色扮演過程中非常入戲，深切感受到挫折，於是她脫口而出一句：「你這個臭小鬼。」

一旁實際面臨這個情況的教師聽見之後大笑，告訴簡：「這就是我真實的感受。」但她先前在闡述問題的過程中並沒有發現「這才是她當下的感受與想法」，直到角色扮演的時候，參與者也出現同樣的情況，這才讓她了解自己的感受，同時讓她覺得受到理解，進而相當寬慰。之後她也變得更為開放，不斷尋找各種方法鼓勵她的學生，同時也鼓勵她自己。

大家一起腦力激盪，尋找問題解決方法，可能會找到一些不錯的方法，可以讓實際面臨狀況的教師，在第二次角色扮演的時候去試用。而其他人也會覺得受到鼓勵及支持，因為觀察者也能在過程中，發現某些自己能夠實際運用的方法。

在我們的教職員會議中，每隔兩個禮拜都會練習一次教師互助解決問題步驟。這樣練習了幾年之後，我們對步驟都非常熟悉，花的時間也越來越少。即便會議大都是在放學之後才舉行，我們仍然常常會對我們在過程中所產生的正能量，感到非常驚訝。

每次會議開頭，我們都會先詢問上次會議提出問題的教師進展如何，通常教師分享的結果都十分正面，我們還發現，前一次和大家分享完問題之後，教師似乎也比較願意分享他們之後嘗試的方法及進展。

同時我們也很驚訝，很多教師回報進展時，都表示學生問題行為從上次開會後到現在，已經兩周沒有出現了。一開始我們以為這只是巧合，一定是某種奇怪的巧合，才會讓之前如此困擾教師的問題，竟然連續兩周都沒有出現。但這樣的現象連續出現很多次之後，我們認為是因為老師們在會議中受到鼓勵，導致他們在回到班上後，不再引發受挫的學生的問題行為。教師在互助過程中改變了，因為他們不再獨自面對挑戰。他們現在能夠自在地和同事談論班上出現的問題，同事也能認真傾聽，並且絞盡腦汁想出新的解決方法。會議上不存在任何指責，只有一群認真的教師，一同貢獻自身的想法，以改善師生關係。

教師互助解決問題步驟讓全體教職員凝聚起來，使教師有能力支持彼此以及學生，並拿出最好的表現。

全球教學現場案例分享

中國

前茂盛樹叢學院（Blooming Grove Academy）院長、認證正向教養講師
迪娜．安舍（Dina Emser）

教師互助實在是個非常充實的過程，我和其他五位老師組成團隊，每個人都很享受，而且也得到許多收穫。我們之所以開始互助，是因為要幫助一個名叫黛西的學生，她非常不喜歡在課堂上回答問題。透過解決問題的十四個步驟，我們發現黛西的錯誤目的是自暴自棄，背後的信念則可能是「我無法獲得歸屬感，我放棄了，別管我」。我們替黛西的老師想了許多解決方法，她最後選擇了「花時間練習」及「展現信心」這兩個方法。

我們都曾學過相信過程的重要性，比如在第二次角色扮演中，黛西的老師扮演自己，另一位老師則扮演黛西。黛西依舊拒絕回答問題，還爬到桌子底下，老師把問題的難度降低，還是沒有用。此時老師出現了焦慮，老師想要放棄，沒有拿出她該有的作為：對黛西展現信心且花時間練習。接著我問扮演黛西的老師她的想法、感受及決定，她回答，她知道如果自己拒絕回答，老師就會放棄她，不會再叫她回答問題。黛西的老師聽到之後，驚覺為什麼她好像試遍了所有方法，但是依然沒用：黛西可能覺得老師對她沒有信心，而且

還會放棄她。

經過這次的經驗，所有人都學到，老師必須說到做到、言出必行，而不是一直重覆過去的行為，這對學生沒有任何幫助。

認證正向教養講師，夏翟（Zhai Xia）

實用小技巧

一、教師可以和其他幾名教師一起練習教師互助解決問題步驟，詳細資訊可參見《跟阿德勒學正向教養：教師篇》一書。

二、每個月至少邀請一名教師，和大家分享他面臨的挑戰，這樣全體教職員就都能參與解決問題步驟。

三、另外，也可以在辦公室放一個特別的資料夾，需要協助的教師可以在上面預約。

四、最後，務必記得對所有細節保密，因為即便教師互助是個促進鼓勵的過程，但其他人如果在缺乏脈絡的情況下聽見細節，還是有可能產生誤解。

相關研究

教師互助除了會影響教師的效能之外，在師資培育、教育領導以及教學中，也都扮演相當重要的角色。[114]教師互助能夠建立合作的團隊文化，進而促進教師的發展與信心。而正向教養的教師互助方法，則是為教師彼此合作及支持，提供了特別的架構。教師社群共享的連結，也是影響學生連結的重要因素之一。[115]另外，教師若能向學生示範適當的人際互動技巧，就可以影響學生的社交及情緒發展（這點並不意外）。而教師社群共享的連結，也會直接影響教師的工作滿意度及整體效能。[116]

照顧好自己

好的老師……也會努力預防疾病，好好照顧自己的身體，以便以最好的狀態教導學生。學生需要健康而且充滿熱忱的老師。

——德瑞克斯

對教師來說，好好照顧自己就是對學生最棒的禮物。不過這點可能非常困難，因為教師通常非常早起，工時又相當長。而教師現今的工作責任，也可能包括監督課外活動。另外，訓練運動員、監督學術社團、在放學後參加學校活動等，也會增加教師的工作量。教師的工作也不只教書而已，舉凡監督餐廳、停車場、穿堂，以及在課前和課後協助學生等，也已經成為大部分教師的責任。

老實說，大部分教師甚至沒時間好好上個廁

那是我的急救包，裡面有讓人放鬆的音樂、阿斯匹林、還有戴了就會樂觀正向的鏡片。

所，因為一定得有人在教室看著學生。說了這麼多，我們的重點是，教師一定要記得留點時間給自己，保持充足的睡眠，好好吃飯，因為補充碳水化合物相當重要。擁有自我關懷計畫的教師，比較不容易生病，也不容易有職業倦怠，最重要的是，還能保持耐心和學生互動。

自我關懷活動

在教職員會議或是一群教師在一起時，可以花點時間設立個人目標，並且彼此鼓勵。以下的活動適合以兩到三人的小組方式進行。

一、首先，每個人花幾分鐘想出三到五個自我關懷目標，並記錄下來，這可以當成自我關懷計畫的參考。

二、接著和小組成員分享自我關懷目標，越詳細越好，也可以想想追蹤自己進度的方法，像是如果你計畫一個禮拜散步三次，就可以在行事曆上標示散步的日期，散完步之後就劃掉，藉此督促自己。

三、一起想想有什麼方法可以督促教師自我關懷，有什麼特別的方法可以鼓勵自己和彼此嗎？

四、安排如何追蹤彼此的進展。來自小組成員的鼓勵及支持，會是堅持下去的動力。

研究顯示，固定花時間關懷自己可以大幅降低壓力，提升自我效能。教師們大都非常忙碌，時間上也有許多限制，不過花幾分鐘分享並彼此鼓勵，就可以改變很多事。只要教師之間能建立連結，就能從中獲得歸屬感。事實上，研究也證實歸屬感能夠降低壓力。

全球教學現場案例分享

法國巴黎

了解自我關懷的重要性之後，我開始慢慢注意自己在課堂上的行為，我發現當我覺得疲倦的時候，會更常大吼大叫，也會給學生比較多懲罰。我也會很容易就被惹惱，溫和且堅定的行為頓時消失得無影無蹤。因此我決定開始注重自我關懷。

身為教師，我發現自我關懷非常困難，因為我總是把學生擺在前面。我總是想著我的班級，例如該怎麼為學生想出有教育意義又有趣的活動等。備課非常重要，然而，如果我累了，不管我作了多少準備，我還是都會失控。

我現在知道我必須早點睡、偶爾喝杯茶休息一下、在上課一整天之後稍微放鬆、多約朋友出去、還要一個禮拜運動三次。這些活動都對我的教學帶來正面影響，也讓我離成為理想中的教師更近一步。

教師和學生互動的方式，取決於教師如何照顧自己，因此身為教師，就必須好好照顧自己。

教師、認證正向教養講師，娜汀．高汀（Nadine Gaudin）

全球教學現場案例分享

秘魯

正向教養要教師相信學生的能力，相信他們能夠決定如何面對挑戰，並且對他們適應世界的能力擁有信心。這樣的哲學讓我能夠以親密、尊重、溫和且充滿愛的方式和學生互動。這些方法對我來說也非常重要，無論是在專業上，或是個人生活之中。正向教養不僅改變了我的教學方式，也改變了我的個性，我覺得自己每天都在改變。我相信在某種程度上，我對自己非常友善，也很愛自己，對學生也是如此。而且如果我能把自身的錯誤當成學習機會，那麼我就能藉此成長與學習，同時在學生犯錯時，我也會非常有耐心。總而言之，正向教養不只能適用在課堂之中，也能讓日常生活變得多采多姿，我認為這就是最棒的自我關懷！

三年級教師、認證正向教養講師
珊卓拉．科爾梅娜雷絲（Sandra Colmenares）

實用小技巧

一、製作一張清單，寫上能夠滋養自己身心的事物。
二、拿出行事曆，每天都為自己保留一點時間。
三、不要為花時間陪伴自己，或是花時間和讓自己感到開心的人相處，而感到愧疚。
四、試試撰寫感恩日誌！
五、需要幫忙時就大聲說出口，畢竟你不會要求別人做他們不想做的事，讓別人享受給予的快樂吧！

六、享受錯誤，並從錯誤中學習，這是另一個禮物！

相關研究

實習老師認為，參加自我關懷計畫後，他們擁有更棒的實習經驗，因為自我關懷能夠提升自我監督的能力，並幫助他們提早發現「壓力跡象」。[117]艾爾達（Eldar）曾經追蹤三名教師第一年任教的情況，並對這三名教師進行訪談，以找出教師困境和教師支持間的關係。[118]和教師壓力及職業倦怠相關的重要因素，包括教師在學校中是否自在、校長及其他教師的支持、師生關係、及工作態度等。此外，艾默（Emmer）與史托（Stough）也指出教師情緒和班級經營及職業倦怠間的關係，[119]他們認為師資培育課程應該納入教師情緒如何影響班級決定。

另外，荷蘭一項橫跨五個月的縱向研究，也指出班級經營中的低度自我效能以及情緒壓力，將導致教師產生職業倦怠。[120]因此我們希望透過正向教養，能夠幫助教師提升自我效能，並且了解自我關懷的重要性。

相關資源

在此感謝世界各地所有花時間和本書分享成功故事的教師。如果你恰好是教師或是教育工作者，而且第一次接觸正向教養，或者你只是想要了解更多，那麼在你學習並練習正向教養的過程中，還有許多資源能夠為你帶來幫助。

在正向教養的專業發展部分，有個非營利組織叫作正向教養協會（Positive Discipline Association），不僅為教育工作者提供經過認證的正式課程及訓練，也提供家長課程及訓練，可以參見這個網址：https://www.positivediscipline.org/。

另外，世界上也已經有許多採用正向教養的學校，如果你想要聯繫這些教師，或是獲得更多相關資源，也可以參考下列這兩個網址，在第一個網址中，你也可以找到正向教養教師工具卡：https://www.positivediscipline.com/、https://www.positivediscipline.org/。

參考資料

1. Kohn, A. (1994). The risk of rewards: ERIC Digest. ERIC Clearinghouse on Elementary and Early Childhood Education, Urbana, IL. ERIC Identifier ED376990.
2. Vitasek, K. (2016). Big business can take a lesson from child psychology. Forbes, June 30.
3. Stevens, J. E. (2012). Lincoln High School in Walla Walla, WA, tries new approach to school discipline—suspensions drop 85%. *ACES Too High News*, April 23.
4. Brown, D. (2004). Urban teachers' professed classroom management strategies: Reflections of culturally responsive teaching. *Urban Education* 39, 266–289.
5. Beaty-O'Ferrall, M. E., A. Green, and F. Hanna. (2010). Classroom management strategies for difficult students promoting change through relationships. *Middle School Journal*, March.
6. Blum, R. (2005). School connectedness: Improving the lives of students. Johns Hopkins University, Bloomberg School of Public Health, Baltimore, MD.
7. Dickerson, S., and M. Kemeny. (2004). Acute stressors and cortisol responses: A theoretical integration and synthesis of laboratory research. *Psychological Bulletin* 130, 355–391.
8. Edwards, D., and F. Mullis. (2003). Classroom meetings: Encouraging a climate of cooperation. *Professional School Counseling* 7, 20–29.
9. Browning, L., B. Davis, and V. Resta. (2000). What do you mean "think before I act?": Conflict resolution with choices. *Journal of Research in Childhood Education* 14, 232–238.
10. Gere, J., and G. MacDonald. (2010). An update of the empirical case for the need to belong. *Journal of Individual Psychology* 66, 93–115.
11. Twenge, J. M., R. F. Baumeister, D. Tice, and T. S. Stucke. (2001). If you can't join them, beat them: Effects of social exclusion on aggressive behavior. *Journal of Personality and Social Psychology* 81, 1058–1069.
12. Baumeister, R. F., J. M. Twenge, and C. K. Nuss. (2002). Effects of social exclusion on cognitive processes: Anticipated aloneness reduces intelligent thought. *Journal of Personality and Social Psychology* 83, 817–827.
13. Reyes, M., M. Brackett, S. Rivers, M. White, and P. Salovey. (2012). Classroom emotional climate, student engagement, and academic achievement. *Journal of Educational Psychology* 104, 700–712. DOI: 10.1037/a0027268.
14. Dweck, C. (2006). *Mindset: The New Psychology of Success*. New York: Random House.
15. Mueller, C. M., and C. Dweck. (1998). Praise for intelligence can undermine children's motivation and performance. *Journal of Personality and Social Psychology* 1, 33–52.
16. Dreikurs, R. (2009). *Child Guidance and Education: Collected Papers*. NH: BookSurge Publishing.
17. Nelsen, J., L. Lott, and H. S. Glenn. (2000). *Positive Discipline in the Classroom: Developing Mutual Respect, Cooperation, and Responsibility in Your Classroom*. 3rd ed. New York: Random House.
18. Centers for Disease Control. (2015). School connectedness. September 1. http://www.cdc.gov/healthyyouth/protective/connectedness.htm.
19. Wentzel, K. R. (1998). Social relationships and motivation in middle school: The role of parents, teachers, and peers. *Journal of Educational Psychology* 90, 202–209.
20. Tschannen-Moran, M. (2004). *Trust Matters: Leadership for Successful Schools*. San Francisco: Jossey-Bass.
21. Stronge, J. H., J. M. Checkley, and P. Steinhorn. (2007). *Qualities of Effective Teachers*. 2nd ed. Alexandria, VA: Association for Supervision and Curriculum Development.
22. Ryan, A. M., and H. Patrick. (2001). The classroom social environment and changes in adolescents' motivation and engagement in middle school. *American Education Research Journal* 38, 437–460.
23. Gazzaniga, M. S. (2003). *Psychological Science: Mind, Brain, and Behavior*. New York: W. W. Norton.
24. Belvel, P. S., and M. M. Jordan. (2010). *Rethinking Classroom Management: Strategies for Prevention, Intervention, and Problem Solving*. Thousand Oaks, CA: Corwin Press.
25. Essa, E. L., and M. M. Burnham. (2009). *Informing Our Practice: Useful Research on Young Children's Development*. Washington, DC: National Association for the Education of Young Children.
26. Lewin, K., R. Lippit, and R. White. (1939). Patterns of aggressive behavior in experimentally created "social climates." *Journal of Social Psychology* 10, 271–299.
27. Ferguson, E. D., J. W. Grice, J. Hagaman, and K. Peng. (2006). From leadership to parenthood: The applicability of leadership styles to parenting styles. *Group Dynamics: Theory, Research, and Practice* 10, 43–56. DOI: 10.1037/1089-2699.10.1.43.
28. Emmer, E. T., and L. Stough. (2001). Classroom management: A critical part of educational psychology, with implications for teacher education. *Educational Psychologist* 36, 103–112.
29. Dweck, C. (2006). *Mindset: The New Psychology of Success*. New York: Random House.
30. Kornell, N., M. Hays, and R. Bjork. (2009). Unsuccessful retrieval attempts enhance subsequent learning. *Journal of Experimental Psychology* 35, 989–998. DOI: 10.1037/a0015729.

31. Freiberg, H. J., C. A. Huzinec, and S. M. Templeton. (2009). Classroom management—a pathway to student achievement: A study of fourteen inner-city elementary schools. *Elementary School Journal* 110, 63–80.
32. Nelsen, J., A. Rafael, and S. Foster. (2012). *Positive Discipline for Children with Special Needs*. New York: Three Rivers Press.
33. Resnick, M. D., P. S. Bearman, R. W. Blum, K. E. Buoman, K. M. Harris, J. Jones, J. Tabor, T. Beuhring, R. E. Sieving, M. Shew, M. Ireland, L. H. Bearingere, and J. R. Udry. (1997). Protecting adolescents from harm: Findings from the National Longitudinal Study of Adolescent Health. *Journal of the American Medical Association* 278, 823–832.
34. Loukas, A., L. Roalson, and D. Herrera. (2010). School connectedness buffers the effects of negative family relations and poor effortful control on early adolescent conduct problems. *Journal of Research on Adolescence* 20, 13–22.
35. Wang, T., and R. Holcombe. (2010). Adolescents' perceptions of school environment, engagement, and academic achievement in middle school. *American Educational Research Journal* 47, 633–662.
36. Allday, R. A., and K. Pakurar. (2007). Effects of teacher greetings on student on-task behavior. *Journal of Applied Behavior Analysis* 40, 317–320.
37. Marzano, R. J., and J. S. Marzano. (2003). The key to classroom management. *Educational Leadership* 61, 6–13.
38. Centers for Disease Control. (2015). School connectedness. September 1. http://www.cdc.gov/healthyyouth/protective/connectedness.htm.
39. Siegel, D., and T. Bryson. (2014). *No Drama Discipline: The Whole-Brain Way to Calm the Chaos and Nurture Your Child's Developing Mind*. New York: Penguin Random House.
40. Decker, D., and S. Christenson. (2007). Teacher-student relationships among behaviorally at-risk African American youth from low-income backgrounds: Student perceptions, teacher perceptions, and socioemotional adjustment correlates. *Journal of School Psychology* 45, 83–109.
41. Marzano, R. J., and J. S. Marzano. (2003). The key to classroom management. *Educational Leadership* 61, 6–13.
42. McCombs, B. L., and J. S. Whisler. (1997). *The Learner-Centered Classroom and School: Strategies for Increasing Student Motivation and Achievement*. San Francisco: Jossey-Bass.
43. Adler, A., H. L. Ansbacher, and R. R. Ansbacher. (1956). *The Individual Psychology, a Systematic Presentation in Selections from His Writings*. New York: Basic Books.
44. Hanna, F., C. Hanna, and S. Keys. (1999). Fifty strategies for counseling defiant and aggressive adolescents: Reaching, accepting, and relating. *Journal of Counseling and Development* 77, 395–404.
45. Schmakel, P. O. (2008). Early adolescents' perspectives on motivation and achievement in academics. *Urban Education* 6, 723–749.
46. Ladson-Billings, G. (1994). *The Dreamkeepers: Successful Teachers of African American Children*. San Francisco: Jossey-Bass.
47. Brown, D. (2004). Urban teachers' professed classroom management strategies: Reflections of culturally responsive teaching. *Urban Education* 39, 266–289.
48. Siegel, D., and T. Bryson. (2011). *The Whole Brain Child: 12 Revolutionary Strategies for Nurturing Your Child's Developing Mind*. New York: Random House.
49. Siegel, D., and T. Bryson. (2011). *The Whole Brain Child: 12 Revolutionary Strategies for Nurturing Your Child's Developing Mind*. New York: Random House.
50. Willis, J. (2007). Engaging the whole child: The neuroscience of joyful education. *Educational Leadership Online*, summer, 64.
51. Activities for teaching these skills can be found in Nelsen, J., L. Lott, and H. S. Glenn. (2013). *Positive Discipline in the Classroom*. 4th ed. New York: Three Rivers Press.
52. Sulkowski, M., M. Demaray, and P. Lazarus. (2015). Connecting students to schools to support their emotional well-being and academic success. *Communiqué* 40, no. 7. https://www.nasponline.org/publications/periodicals/communique/issues/volume-40-issue-7/connecting-students-to-schools-to -support-their-emotional-well-being-and-academic-success.
53. Leachman, G., and D. Victor. (2003). Student-led class meetings. *Educational Leadership* 60, no. 6, 64–68.
54. Edwards, D., and F. Mullis. (2003). Classroom meetings: Encouraging a climate of cooperation. *Professional School Counseling Journal* 7, no. 1, 20–29.
55. Edwards, D. (2005). From class lecture notes. Georgia State University, Department of Counseling and Psychological Services.
56. Stronge, J. H., J. M. Checkley, and P. Steinhorn. (2007). *Qualities of Effective Teachers*. 2nd ed. Alexandria, VA: Association for Supervision and Curriculum Development.
57. https://www.facebook.com/Raffi.Cavoukian/photos/a.249846041744561.60969.151883644874135/987679737961184/?type=3&theater.
58. Lasala, T., J. McVittie, and S. Smitha. (2012). *Positive Discipline in the School and Classroom: Teachers' Guide, Activities for Students*. Positive Discipline Association.
59. Sutherland, K., T. Lewis-Palmer, J. Stichter, and P. Morgan. (2008). Examining the influence of teacher behavior and classroom context on the behavioral and academic outcomes for students with emotional or behavioral disorders. *Journal of Special Education* 41, 223–233.
60. Potter, S. (1999) Positive interaction among fifth graders: Is it a possibility? The effects of classroom meetings on fifth-grade student behavior. Master's thesis, Southwest Texas State University, San Marcos, TX.
61. Clifton, D. O., and P. Nelson. (1992). *Soar with Your Strengths*. New York: Dell.

62. Harvard Family Research Project. (2009). Parent-teacher conference tip sheets for principals, teachers, and parents. *FINE Newsletter* 1, no. 1.
63. Henderson, A., and K. Map. (2002). A new wave of evidence: The impact of school, family and community connections on student achievement. Southwest Educational Development Lab, Institute of Education, Austin, TX.
64. Marcon, R. A. (1999). Positive relationships between parent school involvement and public school inner city preschoolers' development and academic performance. *School Psychology Review* 28, no. 3, 395–412.
65. Warneken, F., and M. Tomasella. (2006). Altruistic helping in human infants and young chimpanzees. *Science* 311, 1301–1303.
66. Edwards, D., K. Gfroerer, C. Flowers, and Y. Whitaker. (2004). The relationship between social interest and coping resources in children. *Professional School Counseling* 7, 187–194.
67. Zakrzewski, V. (2014). Just for the joy of it. *Educational Leadership*, June, 22–26.
68. Kohn, A. (1993). *Punished by Rewards: The Trouble with Gold Stars, Incentive Plans, A's, Praise, and Other Bribes*. Boston: Houghton Mifflin.
69. Kohn, A. (1994). The risk of rewards: ERIC Digest. ERIC Clearinghouse on Elementary and Early Childhood Education, Urbana, IL. ERIC Identifier ED376990.
70. Fabes, R. A., J. Fultz, N. Eisenberg, T. May-Plumlee, and F. S. Christopher. (1989). Effects of rewards on children's prosocial motivation: A socialization study. *Developmental Psychology* 25, 509–515.
71. Lepper, M. R., D. Greene, and R. E. Nisbett. (1973). Undermining children's intrinsic interest with extrinsic reward: A test of the "overjustification" hypothesis. *Journal of Personality and Social Psychology* 28, 129–137.
72. Garbarino, J. (1975). The impact of anticipated reward upon cross-age tutoring. *Journal of Personality and Social Psychology* 32, 421–428.
73. Mueller, C. M., and C. Dweck. (1998). Praise for intelligence can undermine children's motivation and performance. *Journal of Personality and Social Psychology* 1, 33–52.
74. Dweck, C. (2006). *Mindset: The New Psychology of Success*. New York: Random House.
75. Marzano, R. (2003). *What Works in Schools*. Alexandria, VA: Association of Supervision and Curriculum Development.
76. Siegel, D., and T. Bryson. (2011). *The Whole Brain Child: 12 Revolutionary Strategies for Nurturing Your Child's Developing Mind*. New York: Random House.
77. Beilock, S. L. (2008). Math performance in stressful situations. *Current Directions in Psychological Science* 17, 339–343.
78. Choudhury, S., S. Blakemore, and T. Charman. (2006). Social cognitive development during adolescence. *Social, Cognitive, and Affective Neuroscience* 1, no. 3, 165–174.
79. Shure, M. B., and G. Spivack. (1982). Interpersonal problem-solving in young children: A cognitive approach to prevention. *American Journal of Community Psychology* 10, 341–356.
80. Browning, L., B. Davis, and V. Resta. (2000). What do you mean "think before I act?": Conflict resolution with choices. *Journal of Research in Childhood Education* 14, 232–238.
81. Siegel, D., and T. Bryson. (2014). *No Drama Discipline: The Whole-Brain Way to Calm the Chaos and Nurture Your Child's Developing Mind*. New York: Penguin Random House.
82. Eisenberger, N. I., M. D. Lieberman, and K. D. Williams. (2003). Does rejection hurt? An fMRI study of social exclusion. Science 302, no. 5643, 290–292.
83. Sulkowski, M., M. Demaray, and P. Lazarus. (2015). Connecting students to schools to support their emotional well-being and academic success. *Communiqué* 40, no. 7. https://www.nasponline.org/publications/periodicals/communique/issues/volume-40-issue-7/connecting-students-to-schools-to -support-their-emotional-well-being-and-academic-success.
84. Garrett, T. (2014). *Classroom Management: The Essentials*. New York: Teachers College Press.
85. Gordon, T. (1974). *Teacher Effectiveness Training*. New York: Wyden.
86. Kubany, E., and D. Richard. (1992). Verbalized anger and accusatory "you" messages as cues for anger and antagonism among adolescents. *Adolescence* 27, 505–516.
87. Cheung, S. K., and S. Y. C. Kwok. (2003). How do Hong Kong children react to maternal I-messages and inductive reasoning? *Hong Kong Journal of Social Work* 37, no. 1, 3–14.
88. Heydenberk, W., and R. Heydenberk. (2007). More than manners: Conflict resolution in primary level classrooms. *Early Childhood Education Journal* 35, 119–126.
89. Shure, M. B., and G. Spivack. (1980). Interpersonal problem solving as a mediator of behavioral adjustment in preschool and kindergarten children. *Journal of Applied Developmental Psychology* 1, 29–44.
90. Shure, M. B., and G. Spivack. (1982). Interpersonal problem-solving in young children: A cognitive approach to prevention. *American Journal of Community Psychology* 10, 341–356.
91. Durlak, J., R. Weissberg, A. Dymnicki, R. Taylor, and K. Schellinger. (2011). The impact of enhancing students' social and emotional learning: A meta-analysis of school-based universal interventions. *Child Development* 82, 405–432. DOI: 10.1111/j.1467-8624.2010.01564.x.
92. Potter, S. (1999). Positive interaction among fifth graders: Is it a possibility? The effects of classroom meetings on fifth-grade student behavior. Master's thesis, Southwest Texas State University, San Marcos, TX.
93. McLeod, J. (2003). Managing administrative tasks, transitions, and interruptions. In J. McLeod, J. Fisher, and G. Hoover, *The Key Elements of Classroom Management: Managing Time and Space, Student Behavior, and Instructional Strategies*. Alexandria, VA: Association for Supervision and Curriculum Development.
94. Stronge, J. H., J. M. Checkley, and P. Steinhorn. (2007). *Qualities of Effective Teachers*. 2nd ed. Alexandria, VA:

Association for Supervision and Curriculum Development.
95. Emmer, E. T., and L. Stough. (2001). Classroom management: A critical part of educational psychology, with implications for teacher education. *Educational Psychologist* 36, 103–112.
96. Kern, L., and K. Parks. (2012). Choice making opportunities for students: Module 4. Virginia Department of Education, Division of Special Education and Student Services.
97. Fox, L., and S. Langhans. (2005). Logical consequences: Brief 18. From *What Works Briefs*, Center on the Social and Emotional Foundations for Early Learning, Vanderbilt University.
98. NASP (2002). Fair and effective discipline for all students: Best practice strategies for educators. Fact sheet. National Association of School Psychologists.
99. Rosenthal, R. (1994). Interpersonal expectancy effects: A 30-year perspective. *Current Directions in Psychological Science* 3, no. 6, 176–179.
100. Yatvin, J. (2009). Rediscovering the "Pygmalion Effect." Education Week 29, no. 9, 24–25.
101. Lewin, K., R. Lippit, and R. White. (1939). Patterns of aggressive behavior in experimentally created "social climates." *Journal of Social Psychology* 10, 271–299.
102. Graham, A. M., P. A. Fisher, and J. H. Pfeifer. (2013). What sleeping babies hear: A functional fMRI study of interparental conflict and infants' emotion processing. *Psychological Science* 24, 782–789.
103. Lynn, S. (accessed Oct. 2016). How do language and tone affect children's behavior? Our Everyday Life website, http://oureverydaylife.com/language -tone-affect-childrens-behavior-16124.html.
104. Wanzer, M. B., A. B. Frymier, A. M. Wojtaszczyk, and T. Smith. (2006). Appropriate and inappropriate uses of humor by teachers. *Communication Education* 55, no. 2, 178–196. DOI: 10.1080/03634520600566132.
105. Stronge, J. H., J. M. Checkley, and P. Steinhorn. (2007). *Qualities of Effective Teachers*. 2nd ed. Alexandria, VA: Association for Supervision and Curriculum Development.
106. Emmer, E. T., and L. Stough. (2000). Classroom management: A critical part of educational psychology, with implications for teacher education. *Educational Psychologist* 36, 103–112.
107. Walker, J. M. (2009). Authoritative classroom management: How control and nurturance work together. *Theory into Practice* 48, 122–129.
108. Chamundeswari, S. (2013). Teacher management styles and their influence on performance and leadership development among students at the secondary level. *International Journal of Academic Research in Progressive Education and Development* 2, no. 1, 367–418.
109. Slate, J. R., M. M. Capraro, and A. J. Onwuegbuzi. (2007). Students' stories of their best and poorest K–5 teachers: A mixed data analysis. *Journal of Educational Research and Policy Studies* 7, 53–77.
110. Bandura, A. (1986). *Social Foundations of Thought and Action: A Social Cognitive Theory*. Englewood Cliffs, NJ: Prentice-Hall.
111. Bandura, A., D. Ross, and S. A. Ross. (1961). Transmission of aggression through imitation of aggressive models. *Journal of Abnormal and Social Psychology* 63, 575–582.
112. Duplass, J. (2006). *Middle and High School Teaching: Methods, Standards, and Best Practices*. Boston: Houghton Mifflin.
113. Harbour, K. E., L. L. Evanovich, C. A. Sweigart, and L. E. Hughes. (2015). A brief review of effective teaching practices that maximize student engagement. *Preventing School Failure* 59, no. 1, 5–13.
114. Blase, J., and J. Blase. (2006). *Teachers Bringing Out the Best in Teachers: A Guide to Peer Consultation for Administrators and Teachers*. Thousand Oaks, CA: Corwin Press.
115. Royal, M., and R. J. Rossi. (1997) Schools as communities. *ERIC Digest* 111.
116. McVittie, J. D. (2003). Research supporting Positive Discipline in homes, schools, and communities. Positive Discipline Association.
117. Yacapsin, M. (2014). Self-care helps student teachers to deal with stress. W*omen in Higher Education* 19, no. 10, 34. DOI: 10.1002/whe.10109.
118. Eldar, E., N. Nabel, C. Schechter, R. Talmor, and K. Mazin. (2003). Anatomy of success and failure: The story of three novice teachers. *Educational Research* 45, 29–48.
119. Emmer, E. T., and L. Stough. (2001). Classroom management: A critical part of educational psychology, with implications for teacher education. *Educational Psychologist* 36, 103–112.
120. Brouwers, A., and W. Tomic. (2000). A longitudinal study of teacher burnout and perceived self-efficacy in classroom management. *Teaching and Teacher Education* 16, 239–254.

溫和且堅定的正向教養教師聖經：
班級經營的有效工具，讓孩子在情緒、人際與課業都成功

POSITIVE DISCIPLINE TOOLS FOR TEACHERS
EFFECTIVE CLASSROOM MANAGEMENT FOR SOCIAL, EMOTIONAL, AND ACADEMIC SUCCESS

作者　簡・尼爾森博士 JANE NELSEN, ED.D.
　　　凱莉・葛洛菲博士 KELLY GFROERER, PH.D.
譯者　楊詠翔
行銷企畫　劉妍伶
執行編輯　陳希林
封面設計　陳文德
版面構成　綠貝殼資訊有限公司

發行人　王榮文
出版發行　遠流出版事業股份有限公司
地址　臺北市南昌路 2 段 81 號 6 樓
客服電話　02-2392-6899
傳真　02-2392-6658
郵撥　0189456-1
著作權顧問　蕭雄淋律師
2021 年 04 月 01 日　初版一刷
定價新台幣 399 元

ISBN　978-957-32-9015-5
遠流博識網　http://www.ylib.com　E-mail: ylib@ylib.com
（如有缺頁或破損，請寄回更換）

POSITIVE DISCIPLINE TOOLS FOR TEACHERS
EFFECTIVE CLASSROOM MANAGEMENT FOR SOCIAL, EMOTIONAL, AND ACADEMIC SUCCESS
This translation published by arrangement with Harmony Books, an imprint of Random House, a division of Penguin Random House LLC

遠流出版公司

國家圖書館出版品預行編目（CIP）資料

溫和且堅定的正向教養教師聖經：班級經營的有效工具，讓孩子在情緒、人際與課業都成功／簡・尼爾森（Jane Nelsen）、凱莉・葛洛菲博士（Kelly Gfroerer）作；楊詠翔譯 . -- 初版 . -- 臺北市：遠流出版事業股份有限公司，2021.04
384 面；14.8×21 公分
譯自：Positive discipline tools for teachers : effective classroom management for social, emotional, and academic success
ISBN 978-957-32-9015-5（平裝）
1. 班級經營　2. 班級教學　3. 親師關係
527　　110003531